华章科技

HZBOOKS | Science & Technology

技术运营

海量资源精细化运营实战

熊普江 盛国军◎编著

机械工业出版社
China Machine Press

图书在版编目（CIP）数据

技术运营：海量资源精细化运营实战 / 熊普江，盛国军编著 . —北京：机械工业出版社，2018.8

ISBN 978-7-111-60667-3

I. 技… II. ①熊… ②盛… III. 企业管理 IV. F272

中国版本图书馆 CIP 数据核字（2018）第 180761 号

技术运营：海量资源精细化运营实战

出版发行：机械工业出版社（北京市西城区百万庄大街 22 号　邮政编码：100037）

责任编辑：吴　怡　　　　　　　　　　　　　　责任校对：李秋荣

印　　刷：北京市荣盛彩色印刷有限公司　　　　版　　次：2018 年 8 月第 1 版第 1 次印刷

开　　本：170mm×242mm　1/16　　　　　　　印　　张：14.75

书　　号：ISBN 978-7-111-60667-3　　　　　　定　　价：79.00 元

凡购本书，如有缺页、倒页、脱页，由本社发行部调换

客服热线：（010）88379426　88361066　　　　投稿热线：（010）88379604

购书热线：（010）68326294　88379649　68995259　　读者信箱：hzit@hzbook.com

本书通过对爆款产品及应用的详细分析，介绍了如何在创业和创新中找到技术突破点并制定卓越运营策略，并介绍了系统方法。作者积累了腾讯和海尔这种大型企业在互联网时代下从系统运维到精细化运营的经验和思考，经历过传统企业数字化转型的人，对本书观点有诸多认同，企业管理者及技术创业者都应该阅读本书，从中可以找到技术破局点，把握产业控制点，获得重生。掩卷感悟良多，终觉熊兄、盛兄有异相，本书与其治学深思互为因果。

——冯中茜，万达集团 CIO

海量的用户需要互联网平台提供海量的资源支持，如何有效地规划和使用资源是对互联网平台技术运营的巨大挑战。两位作者总结了自己多年的实战经验，从架构、规划、运营、管理的角度，提炼出海量资源精细化运营的方法论和卓越实践，实乃 CTO、CIO、架构师、技术管理与具体技术运营实践人员不可或缺的宝典和手册。

——陈斌，易宝支付公司 CTO

大量知名互联网高科技公司的案例，让本书更加引人入胜，仿佛整个人深入其中，在面临一次次管理、执行、总结和复盘。经验和教训虽能激发我们的共鸣，但最重要的是我们心中那一幅蓝图、那个格局和构造，格局的每一个基础和细节联通了整个企业。书中还有更多足以让每个行业受用的引导内容，强烈推荐此书，非常值得一看！

——王海洲，小米公司信息副总裁

本书从过程、人员、性能和技术等多个角度出发，创造性地解决公司技术运营中的难题，无论系统处于哪个阶段，公司处于哪种规模，都能提供非常到位的指导。本书的出版非常及时，这是到目前为止我读到的关于技术运营全面、深入的书籍。

——吕意凡，国美电器集团 CIO

这是一种带有"精益"理念的技术运营新模式。从定义到现状，从面临的问题到对应的解决方案，从实施到效果评价，最后到未来挑战和进一步优化，层层递进，分析透彻，对开发、理解业务非常有帮助。通过对业务流量的精细化分析和管理，让业务流量更合理，让有限资源使用效益最大化，既保障了业务增长，也节约了成本。

——张俊杰，格力电器集团计算机中心主任

看过纪录片《寿司之神》的人，一定会被小野二郎那种对寿司的执著精神所感动：他对顾客观察得非常仔细，会根据其性别调整寿司大小；他会记住顾客的座位顺序及客人左右手的使用习惯，来调整寿司摆放的位置；他会亲自监督醋米的温度、腌鱼时间的长短、按摩章鱼的力度等，来确保寿司的品质。作为寿司界的大神，小野二郎每时每刻都在思考如何用"匠心"、持续"精细打磨"将寿司做得更好。日本已将这位用极致的心做食物的小野二郎视为国家珍宝。

同样，诞生于 2011 年的微信，其极致的产品体验也让用户爱不释手。目前这款超级应用在全球月活用户已逾 10 亿，给用户与公司均创造了巨大的价值。作为微信用户，我们能感受到这款产品的"匠心"。正如本书作者揭示的那样，精细化的技术运营必定是这款产品成功的秘笈之一。

腾讯一直坚守"一切以用户价值为依归"的经营理念，将精细化技术运营着力于每一个业务场景，不断从技术框架、算法、资源容量、产品策略、生命周期管理等方面精心打磨，力求为用户创造更多的价值，同时也为自己创造了更多的核心竞争力。

从本书提及的多个案例来看，精细化技术运营不仅使用户体验与用户价值得到了大幅提升，而且从服务器折旧、机架租用、运营维护等运营成本方面来看，为企业节省的费用也相当可观。

传统企业在信息化、数字化过程中同样面临很多困境，如体验指数、效能指数与弹性指数等。技术的精细化运营能持续优化和改善产品的体验，持续提升用户的价值，持续控制或降低公司的运营成本，需要设法让优秀的技术运营能力成为公司的核心竞争力之一。

事物是动态发展变化的。在产品运营中，用户在增长，属性在变化；在产品迭代、功能持续增加或升级中，各种环境与数据始终都在变化，因此精细化运营必须持之以恒。着眼于未来，专业分工会越来越细，产品与技术的迭代速度越来越快，甚至人工智能的发展也使得大家的学习能力越来越强，精细化技术运营还会进一步上升，精细化运营的价值也会进一步放大。

细节非常重要，场景代表未来。在注重"工匠精神"的今天，精细化技术运营极具价值，值得大家借鉴、推广。

吴华鹏

iTechClub（互联网精英俱乐部）理事长，1024 学院创始人如何提高运维的地位？这是我和很多同仁苦苦思考的一个问题。运维向来处于软件生产链的后端，甚至有某百科给运维的定义就是"软件部署"。运维不就是把开发部门写好、测试部门验证过的软件，推送到服务器上去吗？这都搞不好，要你有何用！这样的运维离业务太远，因而很多时候沦为"背锅侠"，"人在家中坐，锅从天上来"。

如何改变这种现状？我们可以去和开发部门争辩，以证明我们是清白的（可是，真的能自证清白吗？）。我们可以拽着开发部门一起实践 DevOps，把可运维性（非功能性需求）前置到软件开发框架中（可是，依然容易被业务部门"鄙视"）。

还有没有其他办法呢？其实办法"远在天边，近在眼前"。运维离数据最近，我们可以通过精细的预核算及资源供应，有说服力的技术架构评审，合理的资源规划（业务指标预测、资源容量预测、资源策略与分布规划、运营优化），极致的产品体验优化及运营优化，真正为业务创造价值，提高 DAU，提升公司产品的市场占有率、营收和利润。

这样的好处是什么？将"链"变成"环"。在软件生产链上，本来业务部门是头，运维部门是尾，平时没啥好聊的（除非出故障了）。当运维助力业务部门实现首尾衔接（没有中间商赚差价），让业务部门尝到了"甜头"时，那自然关系融洽，也有机会从源头上摘掉"背锅侠"的帽子。

这样意味着什么？意味着运维真的有机会"翻身做主"。在英文中，operation 本来既可以是运维，也可以是运营。这样一来，运维成了技术运营，并有机会成为业务部门的一分子（例如在腾讯，应用运维就属于业务部门）。

但很多运维同仁业务场景小（服务器可能也就几百台），业务上又终日疲于奔命（各种非例行工作应接不暇），没有机会也没有精力从事技术运营相关的工作。这么美好的前景，却心有余而力不足，甚至只能"锅一直背"，影响身心健康、生活质量及家庭幸福。

幸运的是，互联网一线大厂如腾讯、传统名企如海尔，在海量资源场景下进行了多年的精细化运营实践，而且更重要的是，他们愿意分享出来，花了很多本来可以陪伴家人的业务时间，给业界呈现了本书。

本书作者熊普江长期从事运维行业，在腾讯任职多年，他是我的好友，对我很是支持。早在 2017 年 3 月的 GOPS 全球运维大会·深圳站，熊普江就做过一个分享《运维价值新主张：精细技术运营优化》，在那次分享中他就已提及自己是如何帮助微信节省亿级成本的。从目前来看，那次分享貌似是本书的雏形。

本书作者盛国军（盛总）在海尔工作多年，也是高效运维社区主群的骨干成员，多年来对运维社区也是拳拳之心。盛总善于总结，提出三讲（讲观点、讲数据、讲案例）及三指数（体验指数、能效指数和弹性指数）。三讲即用观点指出问题的本质，用数据确保问题的客观性和真实性，用案例对成果具象化。三指数更是和技术运营的本质如出一辙。

两位作者多年的互联网企业和传统企业的工作经验，很好地融合在一起，使得本书的适用范围大大扩展。本书不再只是一本互联网行业的"自嗨"之作，更适合助力传统行业的实践落地。

即使在不久以后的 AIOps 时代，本书也不会逊色。虽然 AIOps 确实可以使技术运营更上一个台阶，但本书作为专家知识库更彰显价值，而技术运营是 AIOps 的能力来源。当然，说不定相关内容已经在作者的再版计划之内了。

非常开心能给本书写推荐序，希望读者也和我一样，从中受益良多，并付诸行动，产生实际的价值。路漫漫其修远兮，吾将上下而求索。虽然我已经不在运维第一线，但我及高效运维社区始终在服务天下运维同仁。在此谨代表高效运维社区祝贺本书顺利出版发行，让运维同仁得以享受大厂福利。

萧田国

高效运维社区发起人，AIOps 标准发起人互联网发展到今天，已经有超过 20 年的历史。互联网技术与应用已经深深地影响了社会生产发展的方方面面，成为名副其实的生产力重要工具。互联网给社会带来的变化是日新月异的，我想用"沧海桑田"来形容这种变化毫不为过。

与之相应的是，以互联网产品为主营业务的头部公司——谷歌（Alphabet）、脸书（Facebook）、亚马逊（Amazon）、腾讯（Tencent）、阿里巴巴（Alibaba），市值已位列世界 500 强的 TOP10（参考图 1：全球市值 TOP10 公司变化对比）。他们用于支持超大规模业务的技术架构与运营模式，越来越得到大家的广泛认可、学习、研究及推崇。

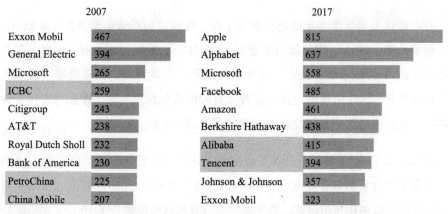

	2007			2017	
Exxon Mobil	467		Apple	815	
General Electric	394		Alphabet	637	
Microsoft	265		Microsoft	558	
ICBC	259		Facebook	485	
Citigroup	243		Amazon	461	
AT&T	238		Berkshire Hathaway	438	
Royal Dutch Sholl	232		Alibaba	415	
Bank of America	230		Tencent	394	
PetroChina	225		Johnson & Johnson	357	
China Mobile	207		Exxon Mobil	323	

图 1　全球市值 TOP10 公司变化对比（2007 与 2017）

这些互联网公司的巨头，除了商业模式上的成功之外，背后的精细化技术运营、资源管理与支撑能力也是一种不可或缺的综合性能力，并且这种综合性能力多年来并没有真正为人们所知。在互联网数字化转型的今天，这种已被大型互联网公司证明了的精细化技术运营能力，值得我们探究与重视。

在中国，移动互联网发展领先于全球，数字经济时代已然来临。微信、QQ、王者荣耀、微信支付、小程序等一款款国民级、海量用户的腾讯产品与服务，均与我们的工作、生活及休闲娱乐息息相关。相信不少读者已从各种渠道看到或学习过微信、QQ 等业务技术架构、功能及业务拓展的文章或课程，然而对于这些海量业务成功运转背后的资源容量管理、技术架构演进、产品策略调整、成本优化控制等，大多数人则鲜有了解。

海量规模业务的背后，必然是海量资源的运营与支撑。举例而言，2018 年年初微信全球月活用户已超过 10 亿，日收发消息高达数千亿条，每天朋友圈图片与视频浏览下载量数百亿次，春节微信红包收发量峰值是平日峰值的数十倍，其后端的资源如何保障业务发展、应对与支撑业务突发，如何优化用户体验，如何充分有效利用这些资源而不浪费？我们知道，业务的代码运行、事务处理、功能实现等都是基于资源运营的，没有海量资源的支撑，没有持之以恒的精细化技术运营，这些海量业务都将是空中楼阁，也无法成就卓越的国民级产品。因此，业务的成功运转，离不开背后海量资源的成功运营与支撑。而科学、高效的资源容量管理与持续的精细化技术运营，则是产品成功的关键因素之一。

我在腾讯公司从事多年的运营管理工作，负责过包括微信事业群（WXG）、技术工程事业群（TEG）、网络媒体事业群（OMG）、企业发展事业群（CDG）等多个事业群（BG）的技术架构评审、业务资源规划、容量管理、运营效率、成本优化等，特别是在 WXG 的精细化技术运营项目的推进与管理方面工作长达 5 年，见证了微信飞速发展过程中精细化技术运营所带来的巨大收益。

微信在 2014 年主要展开设备资源的精细化技术运营，业务指标实现 1.75 倍增长，但全年节省采购服务器接近 9000 台。2015 年年初至 2016 年年底，微信主要推动带宽资源的精细化技术运营，两年时间微信收消息指标增长了 10 倍，但带宽资源在 2015 年最高的一个月节省高达 3.5TB。从 2014 年至今，微信的各种环境与数据始终都在变，比如用户在增长、产品在迭代、功能不停地升级等，技术运营团队始终坚持资源的精细化运营，深挖每一个算法实现、框架持续改造、架构不断迭代……

除了技术上，还同步推动产品去做一些极致策略调整与优化。我们相信，精细化技术运营是微信成功的秘笈之一，这种精细化技术运营的经验值得推广、借鉴与应用。

精细化技术运营是一种思维，一种意识，也是为产品与业务发展保驾护航的重要方法。腾讯一直坚守"一切以用户价值为依归"的经营理念，"精细化技术运营"正是腾讯经营理念的重要体现。我希望通过本书，将多年来积累的实用的、优秀的精细化技术运营业务场景案例展现出来，让大家从中了解技术运营的精髓、精细化运营的价值。

精细化技术运营可以成为公司的核心竞争力。实际上，海尔电器集团的精细化技术运营案例也表明，在传统企业的数字化转型过程中，精细化技术运营同样会带来非常好的效果。期待大家通过精细化技术运营的实践，不断追求卓越，为公司产品或业务的成功做出贡献。

本书的读者对象

本书通过翔实的互联网业务场景与精细化技术运营实战案例，帮助读者了解优秀的技术架构设计、典型场景技术算法的实现，从用户价值出发，有效判定资源使用的合理性，解析资源成本构成及增强其成本意识，提升资源利用效率等，从而锻炼极致的精细化技术运营思维，助力产品做到极致，提升产品体验、技术竞争力及改善运营效率。因此，本书的读者对象包括但不限于：

- 技术管理者
- 研发人员
- 运维人员
- 产品人员
- 财务及审计人员

如何阅读本书

本书谈的"技术运营"，是针对产品与业务而言的，与场景相关，涉及的知识面比较广，不仅有技术层面（包括硬件、软件框架与能力，技术实现算法与逻辑等），也有运营层面（包括规划建模、数据分析、容量管理、用户行为与产品体验等），还有项目管理层面（包括项目立项、推进、协作，预核算管理以及标准、规范、流程等）。同时我们强调的是"精细化"，对场景的细节、产品策略、技术的深度等又有很高的要求。显然，理解与实现卓越的技术运营，并不简单。

为便于读者理解与掌握，我们按照"技术运营"的四个关键要素——**实施主体、作用对象、执行手段与方法**以及**效果衡量**来组织本书的内容。

实施主体指的是由谁来实施技术运营。毫无悬念，技术运营的实施主体就是企业员工，包括但不限于企业管理者、研发人员、运维人员、产品人员，甚至是财务审计人员。涉及人员，就不可避免地会有组织体系与分工协作。我们通过本书第 1 章与第 2 章分别介绍技术运营的概念与其组织体系的建设。

作用对象是指互联网的业务或产品。前面已提到，互联网的业务或产品的服务，是由资源来落地与承载的。因此，我们需要从产品或业务视角，以合适的颗粒度来组织资源，这样技术运营最终也落地到资源的运营上面。因此，我们通过第 3 章、第 4 章与第 5 章分别介绍业务资源的规划、供应以及预核算管理控制。

执行手段与方法指的是通过技术，注重细节，精益求精地去改造优化，使得我们的互联网业务或产品成长或发展得更好、更有价值或更有竞争力。显然这是本书的重中之重，我们将结合实际的场景与案例，阐述如何进行精细化技术运营以及如何评估与考量运营的效率。本书第 6 章主要说明精细化技术运营的方法论以及运营效率的监控与评估，第 7 章则结合具体的实际业务场景，详细剖析精细化技术运营的实战与应用，相信读者会有更直观的感受。

技术运营中的数据分析与效果衡量离不开工具的支持，我们在第 8 章探讨有助于技术运营实施的工具与支撑系统。同时由于精细化技术运营是个持之以恒、螺旋式上升、不断循环的迭代过程，是一种意识与思维，因此，我们通过第 9 章来展望未来精细化技术运营的演进方向。

参与过互联网产品实际开发实现、对技术架构与算法知识有一定的基础，或者有产品运营优化经历的读者，会相对更容易理解本书内容。无论如何，通过本书的学习，读者一定会对精细化的技术运营有更深刻的理解，对于如何胜任技术运营相关的工作有明确的方向。

致谢

在本书编辑出版过程中，得到了很多同行、同事以及朋友的帮助和鼓励，特别是海尔电器集团 CTO 盛国军先生为本书提供了非常多的精彩精细化技术运营案例。也感谢华章公司编辑的努力，正是他们的鼓励与支持才使本书得以出版。

还要感谢家人的支持。由于平时工作非常忙，要抽出很多业余时间来整理过往的工作资料，编辑与撰写文稿，每每要熬夜劳作，家人实在不愿意看到我这么辛苦，担心我的身体，好多次劝我放弃，感谢他们的关心。但我觉得这种精细化技术运营的思维、工匠精神与实战经验，对很多技术管理者、产品研发、运维都是大有裨益的，值得为此付出。我想，最终的这份坚持，无论是对我本人还是读者，无疑都是一笔宝贵财富。

一切细微之处，皆是演进之端。精细化技术运营，将使资源与业务的价值无限延伸！

熊普江

2018 年 5 月

技术运营的三讲和三指数

感谢普江同学邀请我参与本书的部分协同写作！

回顾我这二十几年的 IT 从业经历，从一个普通的程序员逐步成长为一名技术管理者，其中所思所想的点滴，我把它总结为三讲和三指数。

三讲是指：讲观点、讲数据、讲案例。

在中国，程序员把自己称为"码农"，说自己是编程的农民工，干的都是体力活，加班也很严重，但正是这群码农创造了中国现在互联网的成就。如何在程序员这个群体中脱颖而出呢？那就是正确高效地做好每一件事。如何让技术发挥更大的价值呢？那就是找准业务场景进行技术赋能。讲观点就是要抓住事物的本质，考验的是你发现问题的能力；讲数据就是确保问题的客观性和真实性，而不是自己的臆想；讲案例就是对成果具象化的检验。在实际的技术工作中，可以从以下几个方面有意识地提高自己的能力：能够发现现有方案的问题；能够提供解决问题的思路和方案，并能比较这些方案的优缺点；能够做正确的技术决定，用什么样的技术、什么解决方案以及怎样实现来完成一个项目；能够用更优雅、更简单、更容易的方式来解决问题；能够提高代码或软件的扩展性、重用性和可维护性等。

三指数是指：体验指数、能效指数、弹性指数。

大中型企业的信息化往往呈现出"业务系统多元、基础架构老化、接口调用散乱、语言工具庞杂"等特征，CTO 经常处于救火的状态。如何在繁杂的工作中理出头绪，找到工作主线，我的老板教导我要善于抓住主要矛盾和矛盾的主要方面。我把老板的教导拆解为体验指数、能效指数和弹性指数三个指数，以这三个指数为主线进行资源配置和系统优化改造，宏观地推进整体技术为企业战略服务。以物流为例，体验指数中最核心的指标就是及时送达率，能效指数中最核心的指标就是每单技术研发费，弹性指数中最重要的指标就是通过外扩支持 10 倍峰值。

致谢

感谢海尔集团总裁周云杰先生对我职业发展的培养和教导！

感谢同事们、朋友们一直以来对我工作的支持！

感谢我的妻子和女儿一直以来对我工作和写作的支持！

盛国军，海尔电器集团 CTO

2018 年 6 月

Contents 目　录

技术运营概述

昆吾铁冶飞炎烟，红光紫气俱赫然。

良工锻炼凡几年，铸得宝剑名龙泉。

龙泉颜色如霜雪，良工咨嗟叹奇绝。

琉璃玉匣吐莲花，错镂金环映明月。

——郭震（唐）

互联网行业发展迅速，技术演进日新月异，企业管理者往往面临种种困扰：如何深入了解产品运营与发展现状？与竞品相比我们的产品有何优劣？我们的技术架构合理吗？落后吗？不同发展时期面临的主要矛盾与挑战是什么？资源是否是业务发展的障碍？如何把控资源的投入与使用合理性？如何提升产品的运营效率……。特别是在互联网海量业务领域，这些困扰就更为明显。上述问题的答案都与本书的核心概念"技术运营"有关。

"技术运营"这个概念，给很多人的感觉可能是既熟悉又陌生。实际上，它是在腾讯大规模业务技术支持与产品运营的过程中逐步演进而产生的，涵盖很多工作岗位职责与能力方向，包括数据分析、运营规划、技术运维、容量管理、体验提升、成本优化等多个维度。

在本章中，我们将阐述技术运营的产生背景、所涵盖的技能范畴与能力要求，以及精细化技术运营可带来的价值。

1.1 面临的挑战

一个互联网公司的产品或业务，自诞生之日起，便时刻面临着各种挑战，主要包括：

- 技术架构选型与评估。
- 运营成本的有效控制。
- 产品体验与用户价值的提升。
- 构建有效的技术运营组织。

1.1.1 技术架构选型与评估

互联网技术发展日新月异，诸如移动互联网、云计算、物联网、大数据与 AI（人工智能）、区块链等新技术层出不穷。技术管理者在业务发展过程中，经常要面临"如何进行技术选型""技术架构演进时如何衡量优劣"的挑战。

随着互联网在经济社会中的深度融合，互联网人口流量红利正在逐步消失，科技则成为互联网下半场业务发展的新驱动力。这使得技术选型对以互联网产品为主营业务的企业很有挑战。数字经济浪潮之下，面对以科技驱动业务，传统企业要实现数字化转型，其技术选型的挑战更为突出，主要体现在以下几个方面：

- **技术方向选型犹豫**。传统企业往往资产比较重，对业务流程的把控谨慎，要求特别高；而对技术快速改变难以适应，对新技术或新应用实施总抱有某种担心，导致对互联网技术方向的选型心里没底。
- **技术开发与控制能力相对薄弱**。传统企业往往对互联网用户规模及其突发特性预估不足，技术方案或架构弹性能力相对欠缺，导致线上应用与服务总是不稳定或成本畸高，恶性循环之下易招致管理层对互联网技术业务创新的抵制。
- **对顾客的积累和挖掘做得不够**。传统企业总是在不停地做生意，对产品的标准化与规模化较为重视。而数字经济时代，用户个性化需求越来越多。企业要面临越来越多关于如何吸引海量顾客、随时随地全方位提供产品服务、更好地满足顾客个性化需求等挑战。互联网行业所擅长的大数据处理恰恰能帮助其改良运营系统，利用数据分析加大对顾客的积累与挖掘，可大大优化顾客体验、留存更多的顾客、节省运营成本并增加效益。

真实的业务场景中，对于技术的选型，很多时候并非一定要是"最好的技术"或者用"最新的技术"，而是考虑有没有"最适合的技术"。笔者在长期的运营管理工作中发现，技术研发人员有时埋头开发实现产品功能，造成"两耳不闻窗外事"，也有不少技术人员往往有"文人相轻"的弱点，即容易看轻他人的技术架构或研发水平；对于业务资源消耗的成本，往往认为与自己无关，也较少在意。这实际上给技术架构的选型增加了难度与不确定性。

杰出人物无一不是终身学习的，在技术领域也是如此，互联网技术领域更是"进步得比别人慢就是落后"。只有站在巨人的肩膀上，不断地学习并迭代，才可看得更高，看得更远。如何合理地进行技术架构选型与评估，是我们追求卓越运营时面对的首要挑战。

1.1.2　运营成本的有效控制

一般来讲，典型的互联网产品或业务都会经历类似的生命周期：孕育期、成长期、成熟期、衰退期、死亡期（参见图1.1）。每个互联网产品或业务在其生命周期的不同阶段，对资源需求与技术运营人力的投入各有不同。

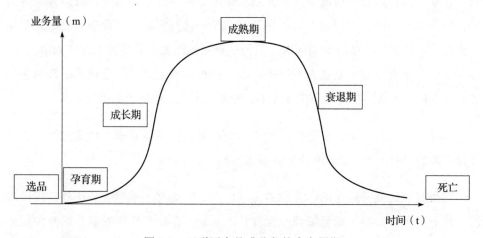

图 1.1　互联网产品或业务的生命周期

互联网业务的运营资源需求主要体现在三个方面，设备与机位需求、带宽需求及专线传输需求。不同发展阶段，互联网业务这三方面的资源需求量不同，所面临的运营成本挑战也是不同的。

在孕育期，业务少数功能试水，资源需求一般较小，运营成本不受关注。

在成长期，业务发展迅猛，竞品增多，新功能层出不穷。业务从产品到研发，主要精力都放在竞争、需求快速响应上。敏捷开发要求快速迭代，产品代码性能与稳定性往往都有欠缺。在这个阶段，对资源的需求非常刚性，运营问题显得非常突出：运营数据不全；服务器资源需求量迅速增长，但资源利用经常负载不均或过低；不合理的穿越流量对专线造成压力，并影响同机房或同模块内的其他业务。因此这个阶段技术运营团队如果不注意运营数据收集与分析，逐步介入技术架构优化，很可能会使产品或业务丧失技术优势、成本优势，从而导致产品或业务失败。拿微信而言，当前处于成长期的产品例子有微信小程序。

在成熟期，业务发展趋于平稳，功能相对完善，运营数据逐步齐全，业务侧产品与研发对业务运营状况都比较熟悉，也有时间与意愿投入到精细优化与改进中，此阶段最适合运营团队推动技术架构优化与提升，优化效果也会非常明显。在腾讯公司，处于成熟期的产品例子有 QZONE（即 QQ 空间）。

进入衰退期，业务量往往开始萎缩，资源开始空闲。业务人员也开始人心涣散。在难以扭转颓势的情况下，业务侧工作重心将会转移。这个阶段运营团队需要及时推动业务进行资源裁剪、优化下线，并转移资源给新兴业务，设法降低运营成本。即使如此，难度也非常大：因为业务侧往往无意愿与动力配合去做优化，这样不仅优化效果可能差强人意，优化收益也难以引起领导的重视，最终结果是运营成本仍然很高。在腾讯众多业务中，开始进入衰退期的产品例子有微博。

排除生命周期因素，从公司运营成本角度看，如果运营成本增速过快，也会大量侵蚀公司的收入，造成利润下降或者亏损（参见图1.2）。

可见互联网业务面临的运营成本挑战巨大，需要有效掌握业务所处的发展阶段、行业地位与差距、运营资源等运营状况。如何在业务快速发展的同时控制或优化好成本，是技术运营要重点考虑并应对的挑战。

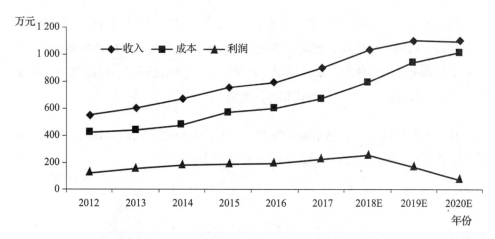

图 1.2 某互联网产品收入、成本与利润分析

1.1.3 产品体验与用户价值的提升

全球智能手机用户数量已从 2016 年的 23 亿增至 2017 年的 26 亿。预计至 2020 年，智能手机用户将达 36 亿，接近世界人口的一半。中国拥有全球最多的智能手机用户——2017 年中国市场上有 7.17 亿台活跃使用的智能手机（参见图 1.3）。

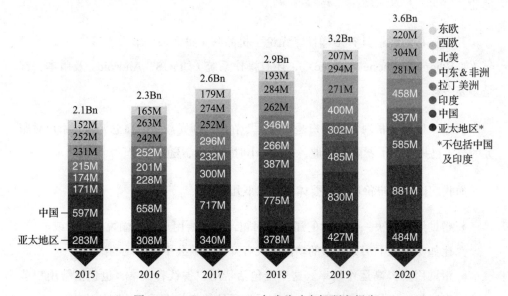

图 1.3 NEWZOO 2017 全球移动市场研究报告

数据显示，自 2011 年以来，全球逐步开始进入移动互联网时代。特别是在中国，移动互联网广泛应用，普及率领先全球。因此，我们的任何产品体验都绕不开移动终端上的用户体验，如：稳定、快速、安全、流量开销、存储占用、耗电，等等。这些与传统 PC 互联网时代相比，差别是巨大的。

移动互联网环境下，网络复杂性与用户的覆盖也更有挑战。首先，移动网络的复杂性更高。图 1.4 是移动无线网络拓扑示意图。

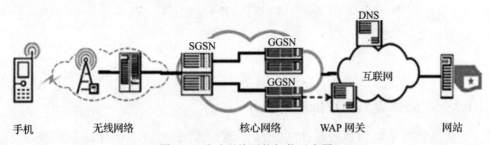

图 1.4　移动无线网络拓扑示意图

从图中可以看出，移动无线网络比传统 PC 互联网复杂得多，基站无线信号覆盖及强度、无线网络协议、协议转换、鉴权等，都是 PC 互联网时代不需要考虑的。

其次，移动终端具有多样性。无论手机品牌（如苹果、华为、三星），还是型号（如 iPhone 6/iPhone7/iPhoneX），还有操作系统（如 iOS、Android）及版本，都是多姿多彩。

再次，移动互联网下的用户是"永远"在线（即无离线的概念）的，用户对服务的要求已提升到了：随时随地，7×24 小时全天候，随手可得。

而我们讲到用户价值，主要体现在以下几点：

- 帮助用户解决一个实际的痛点或问题，包括给用户带来愉悦的心情或享受，比如实现网上买火车票的功能，或者开发一款公平、好玩的游戏。
- 帮助用户提高运作效率。这里既包括帮用户省钱省成本，也包括帮用户节省时间，比如微信就帮用户提高了沟通的效率并降低了社交的成本。

- 尊重用户，保护用户。用户应该得到足够的尊重，用户的数据与隐私要设法保护，让用户在使用产品过程中不会有担心，不会被坑、被骗，不会受到骚扰等。

所以，在移动互联网时代，产品体验与用户价值的挑战是非常巨大的，这对技术运营提出了更高的要求。

1.1.4　构建有效的技术运营团队

现代社会的分工越来越细，专业化程度也越来越强。海量资源的技术运营涉及面非常广，比如技术专业层面包括硬件、软件框架与能力，技术实现算法与逻辑等；再比如运营层面包括规划建模、数据分析、容量管理、用户行为与产品体验等；类似的还有项目管理层面包括项目立项、推进、协作、预核算管理以及标准、规范等。显然技术运营的分工与协作必不可少。事在人为，没有成体系的技术运营团队，很难取得卓越运营的成果。如何构建有效的技术运营团队，是我们需要面对的另一个挑战。

技术运营团队建立后，还要有配套的流程机制来保障各项工作有序进行。不仅如此，这些流程机制的建立与完善，还需要依据业务的发展、环境的变化进行持续更新与迭代。

技术运营往往还是分阶段、分目标实施的。不同阶段、不同目标，会涉及跨不同部门、不同团队来进行项目协作。越是海量资源的业务，涉及部门与团队就会越多。由于每个参与的团队、人员的工作重点、KPI 不尽相同，如何取得推进的共识，达成运营目标，使项目获得成功，这同样是技术运营所面临的巨大挑战。

综上所述，互联网产品或业务的技术运营，面临种种挑战，特别是互联网人口流量红利逐步消失的今天，通过精细化工作，结合技术的驱动，打造极致的体验，持续构建技术领先优势，势在必行。

1.2　技术运营的范畴

技术运营并不是简单的运维工作，而是涉及一系列工作岗位与方向的综合概念。我们可以从两个维度来看技术运营的范畴：一是从资源的维度，二是从业务的维度。

从资源维度看，主要侧重于公司总体资源投入及分布，决定网络布局与采购量，更多的是成本优化与管控。涉及工作包括：资源类别与标准、资源数量与分布、资源成本预核算、资源容量与供应、运营成本数据与分析等。

从业务维度看，主要侧重于业务运营水平与效率。涉及工作包括：IT 硬件技术、软件框架与技术架构、业务运维、运营质量与产品体验、运营数据分析、项目管理等。

由于 IT 软硬件技术、软件框架与技术架构、业务运维、运营数据分析会贯穿应用于整个技术运营阶段，我们将技术运营的范畴归结于以下六个方面：

- 资源规划。
- 预核算。
- 资源供应。
- 产品体验与运营优化。
- 技术架构评审。
- 运营项目管理。

下面将一一简要介绍。

1. 资源规划

资源规划针对业务进行，是对技术运营的载体（即互联网产品正常运行服务所需的生产资料）进行前瞻性的预测。这项工作极其重要，相当于给技术运营定方向、设目标及划红线，具有战略性与纲要性。

业务资源规划工作内容包括：资源类别与标准制定、业务指标预测、资源容量预测、资源策略与分布规划、运营目标设定、运营优化方向等。

2. 预核算

预核算包括对资源数量与成本及使用管控的编制，业务使用资源数量及成本的实际结算，既是公司运营成本的有效度量，也是业务技术运营效率考量的主要依据之一。

预核算的工作内容包括预算编制、预算使用与控制、预算使用分析、预算追加与滚动、核算账单输出、核算数据分析等。

预核算的管理需要一整套 IT 系统的支持，用来显示各类资源标准、数量及成本定价规范，预算使用与成本核算的规则等，及时输出业务运营成本账单，供业务方及相关技术运营团队查询，确保资源使用的有效管控。

3. 资源供应

互联网产品具有生命周期，业务运行具有波动性，产品与业务形态也千差万别，承载业务所需要的资源类别不仅要符合业务特性的类别（即要做资源适配），也要保持合理的容量水平；在业务快速发展的成长期，资源的供应还需要及时与充分，确保支撑业务的发展。

从资源供应的角度看，资源最终要落地到某个地理位置上的 IDC 园区或机房（或机房区域）内。由于 IDC 园区或机房的相应配套（如空间、电力、带宽、网络架构等）都不可能无限量供应，这使得资源储备、供应效率及业务的匹配程度、业务架构能力等都具有相当大的挑战。

另外，资源（如服务器、网络设备等）或物理设施（如建筑、电力等）的折旧年限、使用寿命等特性，会对业务运行的稳定性、效率与产品体验等造成影响，因此需要做好资源容量规划，及时管理、协助调度业务。

"巧妇难为无米之炊"，业务运行所需资源适配、容量管理以及供应效率，业务调整迁移都是技术运营的重要内容。

4. 产品体验与运营优化

产品体验与运营优化，是技术运营团队中业务运维人员的主要工作，包括常规的业务变更上线支持、运行监控、故障处理、业务调度等。除此之外，技术运营更强调产品的运营数据分析。

运营数据分析包括运营质量数据，业务指标数据，资源使用类别、数量、成本数据等的收集、建模分析，从而科学地进行运营效率的监控，帮助保障运营质量，持续提升产品体验。

运营数据的分析结果往往是技术运营能力水平的重要考量依据。

5. 技术架构评审

技术架构评审，是指通过对产品的技术架构、技术实现、产品体验等全方位的评估与审视，提出包括技术研发在内的操作系统优化、架构升级、框架优化、算法改进、产品策略调整、业务调度优化、资源适配等，涉及产品体验改善、用户价值提升、运营成本优化，是精细化技术运营的核心。

技术架构评审与优化关系到产品团队、技术研发、业务运维、运营规划等多个团队角色的协同努力，其结果是技术运营奖惩的主要依据。

6. 运营项目管理

有明确的目标导向、需跨团队跨部门协同推进的技术运营工作，很多时候要按项目来驱动进行，这就涉及运营项目管理。运营项目可以很好地帮助公司级特定的或阶段性的技术运营目标实现与落地，例如：成本优化项目、容灾保障项目、IDC 裁撤项目、运营支撑系统建设项目等。这些运营项目的管理也是技术运营的内容。

需要特别指出的是，运营系统开发（如运营数据工具、预算系统、核算系统、资源容量系统、规划分析系统等）是运营项目管理的重要组成部分，也是技术运营高效落地的有力支撑。

运营项目管理属于管理学范畴，本书虽有涉及，但不会作为重点内容展开阐述。

1.3 精细化技术运营的价值

腾讯自 2014 年在公司层面推动精细化技术运营以来，收益巨大。仅拿因精细化技术运营直接节省的运营成本来看，公司 2014 年优化节省运营成本达 8 亿元，2015 年则是 14 亿元，2016 年高达 22 亿元。这些精细化技术运营所节省的开支，相当于直接给公司创造了同等数额的利润。我们知道，腾讯股票在资本市场上的市盈率通常不低于 40 倍，也就是说，精细化技术运营在二级市场上的价值可达 800 亿元。

历经 4 年多公司层面的推进，精细化技术运营已深入人心，从上至下各级人员都有意识关注产品用户体验、技术架构优化、成本消耗，精心打磨细节，持续提升运营效率，为用户与公司创造出了更多的价值。

1. 可令产品体验做到极致

在精细化技术运营过程中，团队会依据业务场景，分析每个细节，从技术架构、业务逻辑，到实现算法、产品策略，都会拿来与整个公司同类产品、公司外竞品乃至整个行业的标杆产品，进行比对，发现产品体验中的细微不足，并优化它们。

即使是标杆产品，在精细化技术运营过程中，经历更大范围的、其他业务人员的审视，往往也会发现更多细节可以优化。

精细化有助提升技术运营人员的技术评估能力及培养精细化意识。有位参加过精细化技术运营优化的同学提到一个有意思的案例：他参加过某个驾校的培训理论考试，试卷由考试系统出 100 道题，均来自于题量为 2000 道的题库。这位同学在考试中发现：系统出题的时间比较长，并且试卷中有 5% 左右的重复考题。这时同学马上意识到，考试系统有较大的不足：随机从题库中选题，而且是每道题都随机选一次。也就是说，考试系统在架构与算法上存在问题，导致效率低下，且会出现重题。该同学当场为考试中心给出了考试系统的精细优化建议：一次性生成整套试题，使用题库进行随机抽取试题时要排除掉已选用的题，这样既可避免重题，又能大幅度提升性能。

2. 可令业务快速发展的同时成本可控

互联网业务在孕育起步时，更注重产品功能的实现与快速上线，技术人员在对细节把控以及运营成本的消耗方面考虑较少，这给精细化技术运营提供了机会与空间。事实上，在业务进入快速发展阶段，技术运营人员就要考虑精细化，确保产品运营的成本可控，让产品发展更具有竞争力。

举例而言，实施精细化技术运营优化后的微信系统每天可处理 5000 亿的消息量，假定用 1 万台服务器能支撑收发 1000 亿条消息，则 5000 亿条消息就需要用约 5 万台服务器。而另外有一个类似即时通信的软件，要 5 万台服务器才能支撑 1000 亿条消息收发。那么通过精细化技术运营的微信系统更加有效率，更有竞争力，因为竞品软件需要花数倍的成本才能跟上微信的技术运营效率。

3. 有助于发扬工程师文化，达成工匠精神

"工程师文化""工匠精神"等近年来得到广泛关注与认可，技术工程人员也获得了更多的尊重，这激发了他们"争优"或"赛马"的潜力。在精细化技术运营过程中，经常对比标杆产品的技术架构、逻辑框架及实现算法，可进一步激发技术人员"赛马"的潜力。持续的精细化技术运营，可以培养工程师的思维与文化，有助于达成工匠精神。

1.4　本章小结

在本章中，我们首先介绍了技术运营所面临的主要挑战：技术架构选型与评估、运营成本的有效控制、产品体验与用户价值的提升，以及构建技术运营组织；其次阐述了技术运营的范畴，包括：资源规划、预核算、资源供应、产品体验与运营优化、技术架构评审及运营项目管理；最后给出了精细化技术运营的价值。

"魔鬼在细节当中"，我们将在后面的章节中使用实际的业务场景案例来说明精细化技术运营的实现与价值体现。精细化技术运营不仅仅是技术能力，更多的还是一种思维，可使产品在日新月异的技术迭代中不断得到优化，节省运营成本，保持竞争优势。

组织体系

能用众力，则无敌于天下矣；

能用众智，则无畏于圣人矣。

——《三国志·吴志·孙权传》

海量资源管理与精细化技术运营，都离不开有效的组织体系。本章将介绍典型互联网公司的技术运营管理组织体系、职业发展通道、运营流程与规范。

2.1 技术运营管理组织

首先，"技术运营"是一个职业发展通道，对应多个专业工作岗位与专业领域方向。"技术运营"脱胎于腾讯公司大规模业务的技术支持与产品运营，腾讯的技术运营通道，成立于 2006 年年初，隶属于技术族（简称 T 族），由虚拟组织职业发展管理委员会负责管理。职业通道通常设分会长一名，分会委员若干名，分会秘书一名。成员均是该通道有影响的专家或权威人士，承担相应通道的培养体系建设、职业等级评定、职业规划管理、发展活动组织等工作。

其次，互联网企业的最主要生产资料要数软件代码、硬件与带宽等资源（服务器、网络设备、带宽、专线等），这些资源的运营效率对产品发展至关重要。企业里应当有组织（或人员）对资源规划、预核算、供应及运营效率等负责，即有负责运营管理的组织或部门。腾讯公司负责技术运营的组织有两级：

- 运营管理部：总体负责公司的技术运营，隶属于 TEG（腾讯技术工程事业群）。
- BG（事业群）运营部：各事业群负责技术运营的组织，即运营部（或运维中心）。

1. 运营管理部

据了解，目前互联网公司中仅腾讯公司设立有"运营管理部"这样的组织，该组织负责全公司技术运营方向、目标的制定、运营资源管理、运营效率提升以及技术运营奖惩评定等。运营管理部按职能划分为五个子团队：规划管理、运营项目管理、预核算、资源供应、运营开发。其中规划管理团队的规划经理与运营项目管理团队的运营经理是运营管理部实施技术运营管理的对外接口。

运营管理部被公司赋予了资源运营效率、技术运营水平提升的战略管理职能，需要监督公司所有正在运营产品的投入与产出、运营状况，并定期向管理层提供战略汇报与建议，所以经常被大家比喻为公司产品运营的"发改委"。

2. BG 运营部

BG 运营部（或 BG 运维中心）负责本事业群业务的技术运营，包括业务运维，资源运营（包括资源规划、申请、分配、回收等，以及业务指标与资源量、成本等数据分析），产品体验与运营优化（包括技术架构评审、产品体验改进、实施技术优化等），运营项目管理（包括具体执行与推进等）等，相比传统意义上的业务运维团队，职能更多。

一般而言，运营部总监是 BG 运营部与运营管理部的接口，BG 运营部与运营管理部的关系见图 2.1。在项目管理上，各 BG 运营部会有一个专门的运营项目接口人，负责协调、推动本 BG 的运营项目的落地与执行。

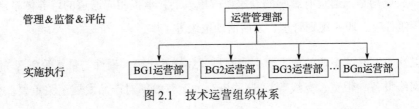

图 2.1　技术运营组织体系

BG 运营部团队成员是技术运营工作的主要实施者。

2.2 技术运营职业通道及能力要求

技术运营工作现已在腾讯形成了完备的职业发展通道。技术运营细分为以下岗位：运营规划、系统技术、网络技术、数据中心技术、DBA、业务运维、服务管理。技术运营中的每个岗位都有明确的职责范围说明。拿运营规划岗位来讲，其职责说明如下：

1）负责公司运营环境下的基础架构与业务资源分布的规划设计，包括但不限于：数据中心的规划设计，网络架构的规划设计，业务系统的资源分布架构规划设计，等等。通过前瞻性的规划，提供基础架构和业务资源分布发展的蓝图，解决运营环境中业务架构与基础架构对齐的问题。

2）组织和协调公司相关团队落实各项运营规划，优化和改进系统架构、资源部署，提升用户体验，提高运营效率，降低运营成本，促进业务发展。

运营规划岗位的具体工作内容包括：

1）制定应用部署规划方案，提升业务在基础架构侧的技术运营竞争力。

2）根据业务资源分布模型，规划指导 IDC 资源的布局、储备、建设、实施。

3）组织协调相关团队落实运营规划项目。

4）编制运营资源预算。

5）研究互联网产业环境，研究、应用和推广业界领先技术。

6）收集、统计、分析日常运营数据，推动运营质量、效率和成本的持续优化。

同时，技术运营的每个岗位也有明确的任职等级划分与能力要求说明。一般而言，技术运营岗位包括通用能力、专业知识、专业技能、组织影响力这四个方面，表 2.1 给出分等级的细化能力要求。

其中，能力项目对于不同等级有不同的要求，这样实际上形成了这个职业通道岗位的职级（1 ～ 5 级），每个职级又分为基础等、普通等与职业等三档。我们同样以"运营规划"岗位来举例，该岗位的目标人群主要针对 T2 ～ T3 及以上职级的员工，例如 T3 能力要求标准参见表 2.2，子等雷达图参见图 2.2。

表 2.1　技术运营岗位能力框架及对应能力项目

能力框架	能力项目
通用能力	沟通能力
	解决问题
	学习能力
	客户导向
专业知识	业务知识
	IT 知识
	关联知识
专业技能	项目管理
	应用架构规划
	资源成本规划
	网络规划
	IDC 建设规划
组织影响力	方法论建设
	知识传承
	人才培养

表 2.2　"运营规划"职位 T3 能力标准描述

能力项目	关键词	行为标准
沟通能力	多种沟通技巧，跨团队沟通	• 准确无误，逻辑清晰，简练地表达自己的观点，准确地领悟对方观点 • 掌握多种沟通技巧，能进行跨团队沟通，达成共同目标 • 能够主持中型会议（15 人内）
解决问题	厘清因果，将复杂问题进行分解	• 确定问题的根源及背后的因果关系，找出与问题和建议方案相关的风险所在，并采取适当的预防措施 • 将复杂的问题进行拆分，指出关键控制点，并系统性地从多个方案中选择最佳方案
学习能力	总结提炼，帮助他人学习	• 了解专业领域的发展情况，关注行业内新技术、新方法的应用，并尝试在工作中运用 • 能够运用所学知识举一反三 • 不断总结自己过去和他人的实践经验，从中汲取有价值的内容 • 与团队成员交流和分享相关知识、经验，帮助他人了解更好的学习方式和学习机会
客户导向	深入分析客户需求	• 通过对客户需求的深入分析，能够准确识别关键需求，解决客户关系管理与维护中的深层次问题 • 改善工作流程、方法以提升产品或服务质量，促进客户满意度的提高

（续）

能力项目	关键词	行为标准
业务知识	深入理解业务及进行沟通	• 熟悉本部门和本行业相关产品形态、业务模式或运营模式 • 能够和产品经理有效沟通和讨论，对产品形态、业务模式或运营模式提出意见和建议
IT 知识	可以与技术人员深入交流	• 熟练掌握一项或多项 IT 技术（包括 IDC、服务器、操作系统、网络通信、软件开发、信息安全等），有一定实践经验，可以针对某项技术问题与专业技术人员进行深入交流
关联知识	熟练掌握互联网行业的法律、财务知识，以及公司人事管理、规章制度等，可进行应对经验的分享	• 熟练掌握互联网相关法律知识，如合同法、专利法、公司法、税法等，能够及时发现法律风险和公关危机，并进行积极应对，能够分享应对经验 • 熟练掌握与业务相关的财务知识，如三大报表、重要的财务指标、业务相关税收等，能读懂财务报表，了解相关指标和项目的关联关系 • 熟练掌握公司人事管理、规章制度，如福利制度、职业发展通道、奖惩制度等，能充分利用公司资源，对员工进行及时激励，指导员工进行职业发展规划
项目管理	独立负责中型项目的实施和运作，预见潜在问题	• 能够独立负责中型项目的实施和运作，清楚了解项目的关键因素，在现实情况和有限条件下做好任务分解和进度安排 • 针对计划合理地调配和充分利用现有资源，解决项目中的大部分问题 • 在活动过程中充分预见可能的问题，并提前确定相应的防范应变措施
应用架构规划	设计部署方案	• 能够综合考虑业务的功能特性、用户特点、访问质量要求、运维要求等因素，合理规划业务部署 • 能够解决业务运维中与架构规划、应用部署等相关的较复杂问题，推动架构优化项目的实施，在项目中承担重要职责
资源成本规划	编制预算	• 了解应用各模块的构成，能够根据各模块的性能特点，结合业务指标，制定预算模型，编制预算
网络规划	设计网络方案	• 能够根据业务架构和资源需求、用户访问质量要求、外部环境等因素，合理设计网络方案
IDC 建设规划	编制 IDC 建设计划	• 能够综合公司各产品的资源需求，合理制定 IDC 建设计划
方法论建设	提炼规律	• 能从工作中总结与提炼共性的规律，把岗位的工作心得或案例沉淀总结并输出成果，形成可复制的经验与模式，优化工作效率
知识传承	跨团队经验与知识的分享	• 积极参加部门内或部门间工作相关的交流和研讨，并进行经验与知识的分享及学习
人才培养	随时辅导	• 能够辅导 1～2 个初级员工，进行随时辅导，帮助改进工作效率，提升能力

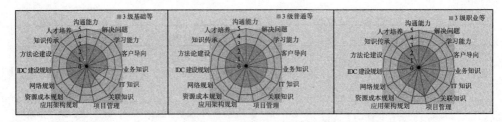

图 2.2 "运营规划"职位 T3 各子等职级雷达图

2.3 流程与规范

"无规矩不成方圆"。流程一般是项目中各项工作执行流转的过程手续、规矩与机制。规范一般是指每项工作执行需确保的质量标准与要求。

流程永远是为提高效率服务的，在精细化技术运营中，合理的流程可以确保项目的推进效率。一个团队的执行力取决于是否有工作流程的指导，不完善的工作流程会对工作过程产生错误的引导作用，降低工作的效率。而完善的、标准化的工作流程，对工作的进行起到指导和保驾护航的作用，提高工作效率。

在精细化技术运营过程中，规范的制定确保了技术运营的质量与水准。

海量资源的精细化技术运营，离不开流程与规范。对于腾讯公司而言，既有公司层面的流程与规范，也有事业群层面的流程与规范。

1. 公司层面的流程与规范

流程与规范不是一日之功，而是在业务实际运营与发展过程中逐渐发起、建立并持续完善的。在技术运营工作方面，腾讯在公司层面已逐步建立相对全面的流程与规范，比如：

- 运营设备分类技术标准
- 网络架构标准化、模块化
- CAP 平台接入流程规范
- 运营事故定级及奖罚标准
- 安全规范
- 数据中心裁撤管理办法

- DCI 专线运营管理办法
- 运营预算管理规范

一般地，公司层面的流程与规范覆盖业务范围广，通用性强，更重资源运营管理。

2. 事业群层面的流程与规范

事业群层面也会依据业务的具体场景与运营质量要求，制定具体的技术运营流程与规范。例如：

- 数据库设计规范
- 业务上线部署规范
- 监控接口规范
- 值班报障处理流程
- 运维脚本编写规范
- 预算使用申请办法

一般地，事业群层面的运营流程与规范更重业务场景、重实操，具有专业性。

为了便于技术运营人员对流程或规划的理解、重视、牢记及遵循，事业群技术运营团队还将一些运营流程规范编成朗朗上口的诗词与警句，张贴在显眼之处。如腾讯社交网络事业群（SNG）运营部发布的技术运营"八荣八耻"，参见图 2.3。

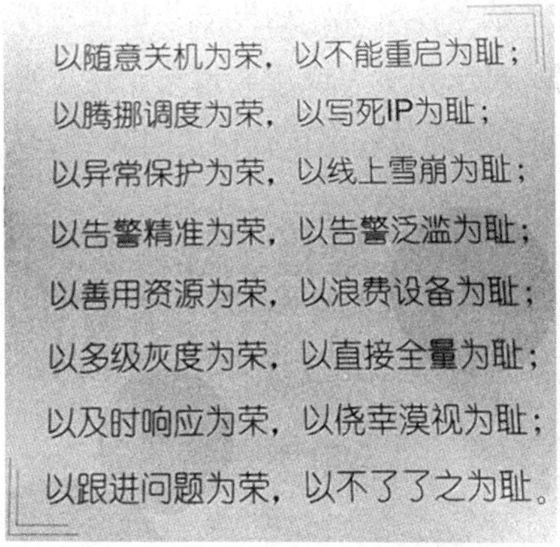

以随意关机为荣，以不能重启为耻；
以腾挪调度为荣，以写死IP为耻；
以异常保护为荣，以线上雪崩为耻；
以告警精准为荣，以告警泛滥为耻；
以善用资源为荣，以浪费设备为耻；
以多级灰度为荣，以直接全量为耻；
以及时响应为荣，以侥幸漠视为耻；
以跟进问题为荣，以不了了之为耻。

图 2.3　技术运营"八荣八耻"

2.4 激励

多年来，腾讯内部形成了不成文的规定："谁提出，谁执行""一旦做大，独立成军"。这就是被外界津津乐道的"赛马机制"，也可以说是腾讯能不断推出优秀产品或者精品的秘笈。事实上，"赛马机制"也决定了腾讯历史上多个重要的转折点，无论是"QQ秀"还是"QQ邮箱"，再到后来的"微信"，可以说都是"赛马机制"的产物。技术运营同样如此，近年来，在公司运营管理部的引导下，持续重视BG产品或业务之间在技术运营上的对标与PK，以PK的结果进行奖项激励，树立标杆，建立基线，不断提高。

1. 奖惩是海量资源运营的工具

如前所述，有明确目标导向的、需跨部门跨团队的技术运营工作会按项目来驱动。腾讯海量资源的运营，是公司运营管理部主导，按业务线组织跨部门跨团队来实施的项目，各团队之间在运营能力、成本优化、研发水平等方面都会有比拼和横向对标。

奖励和惩处因具有激励和控制的双重功能，是常用的运营工具之一，用于激励、管理、平衡、鞭策、规范海量资源运营项目。奖惩的基本原则是：是非分明，赏罚得当。

通常，我们认为奖惩制度包括实行奖惩的原则、条件、种类、方式、程度、手续，以及行使奖惩权限的主体等内容。奖励是对表现优异的团队、个人，给予精神和物质的嘉奖，以激励全体成员，这里主要指代对海量资源运营相关团队或个人的激励活动。惩罚是对工作不力或犯有过失、违反纪律的团队、个人进行的处罚或制裁，这里主要指代对海量资源运营相关团队或个人的相应惩罚。

基于海量资源的运营，腾讯逐步建立建全了运营类的"荣誉激励体系"，简介如下。腾讯整体的荣誉激励体系呈现金字塔形，从上到下分为四个层次：名品堂、公司级奖励、行业级奖励、各事业群内部奖励，主要激励采用奖金方式。层级越高获奖数量越少，奖金越高，难度也越大，参见表2.3。

名品堂的主要评判标准是产品在市场上的占有率和全年的提升情况。它不属于运营类的激励工具，而属于公司层级对整个产品线的激励手段。

表 2.3　腾讯公司运营类荣誉激励体系

类别	奖励设置
公司级——顶级	名品堂
公司级	年度成本优化奖、年度技术突破奖、年度营销突破奖、年度管理文化突破奖、年度业务突破奖
行业级	卓越研发奖、卓越运营奖、代码文化奖、微创新奖
事业群 / 部门级	BG 总裁奖、EVP 奖、跨部门合作奖等

年度成本优化奖、年度技术突破奖、年度营销突破奖、年度管理文化突破奖和年度业务突破奖五大奖项是公司级奖励，除了丰厚的奖金和日常宣传之外，部分项目还会在腾讯年度大会上进行表彰鼓励。其中，年度成本优化奖和年度技术突破奖是海量资源运营过程中激励手段最有效的两个：

- 年度成本优化奖。运营类年度成本优化奖主要评估各个资源运营团队通过技术、管理、运营手段，在不影响业务发展的情况下，对公司海量资源运营过程中产生的运营成本的优化和合理使用，是海量运营资源激励工具中最为重要、幅度最大、激励最及时的奖项设立。
- 年度技术突破奖。该奖项的评估更加单纯地着眼于技术创新与应用。

为了更大程度地激励运营团队，除了事业群内和公司级别的运营激励手段之外，腾讯还有专门针对技术运营的横向对比平台，卓越运营奖就是为此而设立的。卓越运营的激励平台给资源运营团队提供相互分享、相互学习、相互借鉴的平台，整个腾讯资源运营文化也可在此过程中稳固和提升。奖项示例参见图 2.4。

图 2.4　卓越运营奖锦旗与奖牌示例

关于海量资源运营过程中的运营事故惩罚制度，一般采用类似奖励的分级管理制度，从多个维度进行评估定级，参见表2.4。

表 2.4 运营事故分级处罚评估

分级评估维度		分级评定说明
业务影响		按业务影响时间评定，区分关键业务与非关键业务
隐私侵犯 / 骚扰用户		按影响程度及用户数量评定
收入影响		按收入规模评定
用户投诉		按各渠道的投诉总量评定
支付类	社交支付	按全天影响支付成功笔数评定
	商业支付	按全天影响支付成功笔数评定
其他维度	业务开通关闭出错	按服务开通或关闭失败数量评定
	用户 / 业务数据丢失	按用户 / 业务数据丢失量及重要性评定
	系统 / 网络安全 / 业务安全	按漏洞或安全问题造成的范围及影响程度评定
	公司声誉	按影响用户价值及公司声誉程度及负面报道数量等评定
	法律纠纷	按最终被处罚、被索赔数额等评定

2. 用户价值是技术运营激励评估的重点

腾讯技术运营激励奖项有大大小小多个层级，从部门到 BG 级到公司级都有，但无论哪个层级的激励，都离不开用户价值的评估。团队在申报技术运营项目激励奖项时，一般需要从四个维度来说明，参见表2.5。

表 2.5 技术运营激励奖项申报评估表

奖项申报评估描述维度	运营质量	说明项目在哪些维度较突出。同时自评得分为 0 ~ 10 分，无关联为 0，成绩最突出为 10 分
	运营效率	
	信息安全	
	用户价值	必须体现

从表中可见，用户价值是必须描述说明的项，评估时所占比重也较大，即用户价值是技术运营激励奖项评估的重要准绳，这也正体现了腾讯"一切以用户价值为依归"的经营理念。

可能有部分读者看到过 2017 年 12 月 25 日晚上发生的"电脑管家"事件：火绒安全实验室发布声明，发现 QQ 以某种类似病毒的行为推广电脑管家，火绒软件对这些病毒行为进行了拦截。这种有违用户价值的操作甚至伤害用户体验的行为，显然与腾讯的经营理念相悖，管理层获悉后第一时间全部下线处理并自查，向用户道歉并严肃处罚相关责任人。

该事件的处罚力度在 keso 的公众号文章《我为什么尊重腾讯》中有披露："20 天后，我去广州参加微信公开课 PRO，张小龙再次提起这件事，他说这件事的处理之重超出他的想象，相关负责人竟然'被降职'。'我在腾讯十几年，从来没听说过有谁被降职。'张小龙说。"可见，无论是奖励还是处罚，用户价值都是技术运营激励评估的重要准绳。

2.5　本章小结

本章介绍了技术运营组织的体系构成、能力要求、流程规范以及激励机制，可以帮助构建出有效的技术运营团队，来实现业务精细技术运营优化。其中，用户价值是技术运营的目标，也是激励评估的准绳。

第 3 章 | Chapter3

资 源 规 划

运筹帷幄之中，决胜千里之外。

——《史记·高祖本纪》

大家在工作中经常会看到一些公司或第三方的行业分析报告，其中有对未来发展做出预测的数据。而且对于这些第三方的分析预测数据，在适当的时候我们还会参考引用。比如艾瑞对中国网络游戏市场规模做出分析预测，参见图 3.1。

图 3.1　艾瑞 2017—2020 年中国网络游戏市场规模预测

再比如，在企业技术运营沙龙或年度预算战略会上，企业规划团队会给出未来 3 ～ 5 年的主要运营资源规划预测数据，参见图 3.2。

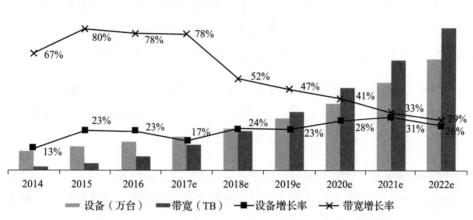

2017—2022年企业主要运营资源增长规划

图 3.2　2017—2022 年某企业主要运营资源增长规划预测

实际上，类似于海尔和腾讯这样的企业，每年都要实施资源规划编制。例如腾讯资源规划（又称"腾讯中长期 IDC 资源容量规划"）的编制始于 2009 年，每次编制 3 年的总体规划数据，按年滚动刷新。它主要用于应对这些挑战：梳理业务发展状况，明确保障业务发展所需的资源，合理把控业务的需求，给出公司未来 3 ～ 5 年资源的规模及布局。

那么，这些预测数据或规划是如何得出来的？有何意义？本章将对这些内容进行阐述。

> **注意**：我们在这里所讨论的资源规划，主要指中长期 IDC 资源容量规划。

3.1　方法论

"兵马未动，粮草先行"是作战致胜的关键策略之一。同理，资源规划是海量资源运营成功的前提，是保障业务发展的关键工作。可见资源规划非常重要，资源规划的实施需要遵循方法论，方法论可以与时俱进，确保规划严谨、科学。

3.1.1　规划概述

规划是一种可以看到未来 3 ～ 5 年甚至 5 ～ 10 年前景的战略能力。在互联网圈内，马云是这种战略规划与布局的高手。2014 年马云公开提到："阿里今天的成功，事实上是过去战略布局的成功。"言下之意，阿里的许多成功依赖自上而下、高瞻远瞩式的规划，即依靠少数人长远而敏锐的战略眼光找到"正确的方向"，清晰给出到达该方向的路径规划，并追求某种极致的执行，从而完美实现。

但同时，"微信之父"张小龙在内部 8 小时产品分享时提到："规划都是骗人的。"尽管张小龙指的是产品不能仅靠规划，而是要不断尝试迭代、进化，但也说明成功规划是非常困难的，需要不断迭代与修正。

按百科的定义，规划是融合多要素，多人士看法的某一特定领域的发展愿景，进行比较全面的长远的发展计划，**是对未来整体性、长期性、基本性问题的思考、考量和设计未来整套行动的方案。**

3.1.2　规划方法论

在腾讯公司，资源规划的工作主要由运营管理部的规划管理团队负责，希望发挥以下三方面作用：

- 制定公司中长期（3 ～ 5 年）IDC 资源目标蓝图，为公司做长远发展的相关决策提供依据。
- 约束不合理的业务资源分布策略，引导业务资源布局的均衡、可持续发展。
- 指导 IDC 工程建设，适度提前进行 IDC 资源储备，充分保障业务发展。

这就引出企业运营资源规划的"十二字"目标，即"容量管理，引导布局，保障发展"。

为实现规划的"十二字"目标，企业业务资源规划的方法论是：**追求质量与效率的平衡。**质量包括数量与规格两方面，效率则包括速度与成本两方面。规划的方法论示意图如图 3.3 所示。

从业务需求出发，考虑架构模型、资源布局及成本，将资源规划贯穿在预算、资源配置与供给、容量执行管理、实施策略等环节上。

拿架构模型来讲，规划时需要考虑业务的 Set 模型（专业术语，指某个业务的资源组合模型），用户覆盖的网络质量要求（延时、丢包、运营商等），分布形式（集中式还是分布式），以及容灾架构等。可见，企业的业务资源规划是从业务需求出发，兼顾 IDC 资源，实现所需资源的合理配置，即高质量和高效率；同时，不仅在质量的"量"上满足，也要通过规划持续提升业务"质"的需求，更精细化运营。

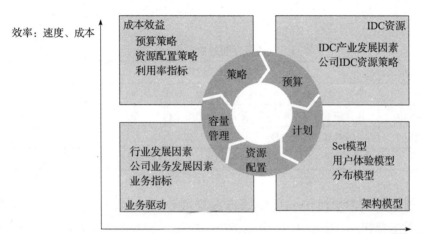

图 3.3　业务资源规划的方法论：质量与效率的平衡

3.1.3　资源规划的范畴

规划按时间维度可以分为远期规划、中期规划与近期规划，区分如下：

- 远期规划：5 ～ 10 年或以上，侧重战略性，如国家"十二五"规划。
- 中期规划：一般 1 ～ 5 年，注重方向性和前瞻性，如腾讯中长期 IDC 资源规划。
- 近期规划（也可称之为"计划"）：1 年以内，注重操作性，实现与项目计划的有效衔接，如腾讯 2017 年业务资源预算编制。

远期规划更多地出现在国家层面或行业层面，由国家部委或行业主管部门定期发布，如：2012 年 5 月工信部发布《互联网行业"十二五"发展规划》、2013 年 8 月工信部发布《宽带中国战略及实施方案》、2015 年 10 月国家发改委发布《国家十三五规划》等。

考虑到互联网行业快速变化的特性、IDC 网络架构升级迭代及 IDC 的建设周期等因素，对于腾讯运营资源而言，规划主要聚焦于 5 年之内的中期规划与近期规划。如：3 年的腾讯中长期 IDC 资源规划、各业务部门的年度预算规划、精品网建设规划等。

企业中长期 IDC 资源规划，按照规划的资源对象不同，再细分为四类，参见表 3.1。

表 3.1　资源规划对象分类

资源规划分类	规划内容及范畴
服务器规划	服务器技术选择，机型规划，数量级，分布
出口带宽规划	运营商选择，带宽类型，数量级，网络架构，分布
互连专线规划	规模数量，技术选择，架构等
专项规划	专区建设（如财付通、精品网、GPU 等），裁撤及退役规模，数量，时间等

进行企业业务资源规划时，针对业务还需要定义一个合理的规划颗粒度。以腾讯为例，在运营管理口径上将产品划分为五个层级（颗粒度），分别是：产品集、规划产品、运营产品、业务集、功能模块。参见图 3.4。

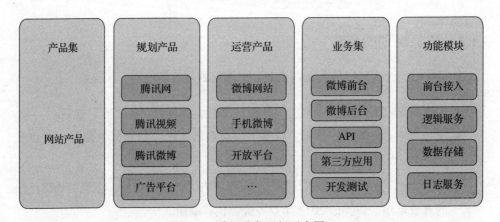

图 3.4　腾讯业务层级示意图

"运营产品"及以下层级，主要由业务团队来定义。腾讯目前有数百个在线运行的运营产品，涉及数千个业务集及数十万个功能模块。显然，业务资源规划的对象很难细到运营产品的层级上。

为便于与竞品比较，腾讯资源规划对象是"规划产品"。规划产品由规划团队依据产品及其附属子产品的用户规模、使用的资源规模、发展阶段及战略定位来定义，一般需要覆盖产品发展的主要生命周期。目前公司定义有 80 多个规划产品，覆盖所有的运营产品。

3.1.4   资源规划的过程

结合资源规划的方法论，企业中长期 IDC 资源规划过程有五个阶段，分为预备期、沟通期、规划编制期、汇总验证期及汇报输出期（见图 3.5）。

图 3.5   企业中长期 IDC 资源规划的过程

规划过程的五个阶段缺一不可。整个中长期 IDC 运营资源规划过程大约持续 2 个月。每个阶段需要完成的工作简述如下。

预备期。在预备期，主要完成以下工作：
- 确定主要规划方法。
- 确定大的规划策略（如定价、分布）。
- 确定可供园区（现状与未来）。
- 确定规划产品（分工、重点及历史数据）。
- 确定机型（存量与未来 1 年）。
- 收集行业数据。

沟通期。在沟通期，主要完成以下工作：
- 行业数据分析。
- 业务 KPI。
- 未来需求、重点工作或主要矛盾。
- 针对性的规划策略。
- 关键任务。

规划编制期。在规划编制期，以两个独立的方法编制出中长期资源数据：

- 自顶而下总体预测。
- 自底而上分规划产品建模编制。
- 与业务沟通反馈编制数据。

汇总验证期。在汇总验证期，对编制出的规划数据汇总，从不同维度（如行业、历史增长、机型、分布等）进行验证，包含交叉验证与评审，不断修正数据，有以下工作：

- 各种维度验证及修订。
- 内部评审及修订。

汇报输出期。在汇报输出期，正式输出包括设备、带宽、专线等资源的 3 年的规划编制，并发布此规划数据作为年度预算编制、评审的参考依据，作为 IDC 资源储备或采购的参考等，主要工作有：

- 设备资源中长期规划。
- 带宽资源中长期规划。
- DCI 专线资源中长期规划。

3.2　规划布局

为确保资源规划数据有效且不发生大的偏差，在规划编制前，需要划定资源规划的大方向、基本原则与主要策略等。

1. 资源规划的前期准备

在开始资源容量规划之前，需要做一些前期的准备工作。这些前期准备工作包括：当期规划的总体策略与布局原则要求、行业发展变化情况、业务的现状指标及资源数据等。

2. 规划的策略与布局

规划的策略与布局是指需要满足的限制性条件以及中长期 IDC 资源规划的边界，它相当于我们城市土地规划中的红线。

　　规划的策略与布局需要综合考虑现有的 IDC 资源保有存量状况、业务整体布局的特点及发展的方向、当前的主要矛盾、产业发展变化及政策变化等进行设定。一般来讲，这个策略与布局需要一定的持续性，但可以依据主要矛盾的变化，对少部分策略按年刷新。

　　例如，2016 ～ 2019 年某企业 A IDC 资源总体布局原则设定如下：

　　1）全国四大区域（Region）分布。

　　2）自研业务与云业务独立规划分布。自研业务以一线主力城市（Zone）为主，同城双园区（Campus）供应；云业务因地制宜，同城三园区供应。

　　3）Region 内，逐步实现深圳、汕尾、上海、天津、北京、重庆、广州等主力 Zone（城市）布局。

　　4）Zone 内，逐步实现：

- 均衡控制深圳、上海总体规模增长。
- 集中化、扁平化，小散碎园区向大园区汇聚，新园区规划 5 万以上，未来原则上只保留单体容量 4 万以上的园区，低于 4 万无法扩容的园区逐渐按计划裁撤。
- 深圳、上海至少具备双园区同时提供资源。

　　5）境外以中国香港、加拿大 Zone 实现分区用户覆盖和业务容灾，中国香港按三园区建设。

　　某企业 A 自研业务依据上述布局原则，可得如图 3.6 所示的 IDC 资源布局示意图。

　　再例如，2017 ～ 2020 年某企业 B 业务 IDC 资源规划主要布局包括以下区域。

C_1、C_2 Zone：

- 主要部署业务核心模块和在线服务；
- 具备双园区同时提供资源。

C_3 Zone：

- 定位华北低成本数据中心，部署冷数据存储、备份数据等服务；
- 承接北方用户分布支持；

- 具备双园区同时提供资源。

C_4 Zone：
- 定位西部低成本数据中心，承接 C_x 及 C_y 园区裁撤后的业务归整；
- 建设大容量高密度的 GPU 及离线计算集群。

C_5 Zone：
- 承接能接受多于 5ms 延时的准实时业务或离线业务等；
- 提供给有三园区分布需求的业务。

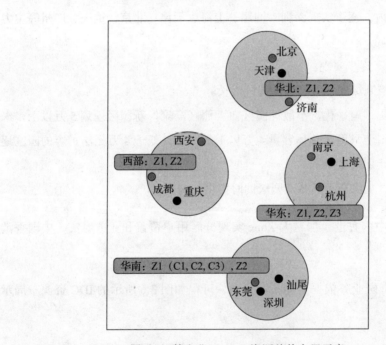

图 3.6   某企业 A IDC 资源总体布局示意

此外，规划策略还要考虑当前阶段需重点解决的矛盾与问题，比如：某企业 B 的 IDC 规划需要重点面对的问题有：

- C_1、C_2 Zone 的规模控制和增长速度。
- Zone 内分布及上架原则（如：单 Zone 双园区上架、核心业务三园区、安全容量设定等）。
- C_1 Zone 供给，除 C_{1-2} 外其他园区饱和，C_{1-1} 和 C_{1-3} 今后的定位。

- C_2 Zone 供给，C_{2-1}、C_{2-2} 无法扩容，C_{2-3}、C_{2-4} 定位给云业务，仅 C_{2-5} 园区供给。
- C_4 Zone 规划，规划上架的业务，考虑承接 C_y Zone。
- C_6 Zone 规划，是否为投后业务单立园区。
- 裁撤 Zone 刷新，需规划各业务裁撤设备替换。
- 万兆园区规划，明确使用业务需求规模以及使用节奏。
- 主力 IDC 产能量及其他产能量。
- 裁撤量（分主力与非主力）。

3.3　资源规划分析

资源规划编制前，需要对业务的运营现状、预期发展需求有一定的了解与把握，即要进行资源规划的分析。

3.3.1　运营相关数据

要做到前瞻性、科学有效的业务资源容量规划，还需要对行业有一定的了解，对业务的运营数据与需求有一定的认识与把握。也就是说，开展容量规划之前，还要做资源规划分析。

资源规划分析离不开运营数据。运营数据是涉及多方面的，这需要负责运营规划的同事在业务的发展过程中逐步建立、完善，并注意及时地收集、整理。

实际规划工作中，用于业务分析的运营数据类型有：基础数据、行业数据、竞品数据及产品数据（参见表 3.2）。

表 3.2　业务分析的数据类型及描述

数据类型	常见示例	数据来源示例
基础数据	人口数据，网民数据，地域分布，智能手机出货量等	国家统计局或第三方报告，如 CNNIC
行业数据	市场规模及增速，用户规模及增速，行业 TOP-3 公司或产品	第三方报告，如艾瑞、Gartner

（续）

数据类型	常见示例	数据来源示例
竞品数据	TOP-3 竞品的业务指标，资源数量，用户规模，收入规模，市场占比等	财报数据或 BAT 公司报告，或行业会议披露
产品数据	产品指标（如用户、访问量），资源指标（如请求数）资源数量（如设备、带宽、专线），收入规模，市场地位	自身的运营数据，逐步完善、收集

举例来讲，网民数据就是基础数据之一，如 CNNIC 的中国手机网民规模及其占比，见图 3.7。

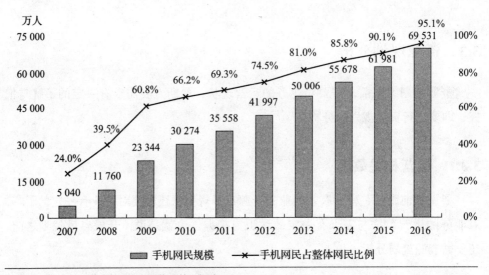

来源：CNNIC中国互联网络发展状况统计调查　　　　　　　　　　　　　2016.12

图 3.7　CNNIC 中国手机网民规模及其占网民比例

网络广告市场规模数据就是行业数据之一，如艾瑞 2012 ～ 2019 年中国网络广告 & 移动广告市场规模及预测，见图 3.8。

竞品很好理解，比如天天快报竞品为今日头条，电脑管家的竞品有 360 安全，腾讯视频的竞品有爱奇艺、优酷等。竞品数据包括竞品的业务指标、用户规模、市场份额、资源数据、收入规模等，这些数据的获取相对比较困难，但可以通过行业交流或关键人物分享部分获取。

对于基础数据、行业数据及竞品数据，规划团队主要通过以下方式获取：

- 第三方公司调研报告（可正式引用）。
- 财报数据（可正式引用）。
- 行业交流及技术会议。
- 关键人物分享。

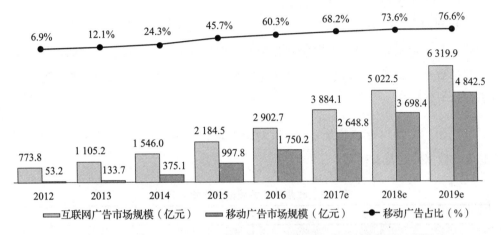

图 3.8　艾瑞 2012～2019 年中国网络广告＆移动广告市场规模及预测

　　其中，第三方公司调研报告及财报数据相对比较权威、可信，更有说服力。规划团队较常引用的第三方数据公司有艾瑞、易观、Gartner、CNNIC、AC 尼尔森、eMarketer、腾讯智库、百度与阿里的数据分析等。第三方数据公司 LOGO 见图 3.9。

图 3.9　第三方数据分析公司举例

相对而言，四类数据中产品数据是业务自身可以完全控制的，最容易获取，而且可以获取得比较全面，是资源规划分析中最重要的数据部分，平时要注意建立、收集并累积。

3.3.2　行业分析

规划团队平时会进行相关行业报告的收集、阅读并适当整理，一方面了解行业趋势与市场变化，另一方面作为容量规划的数据积累。在容量规划前，需要完成包括行业市场规模、份额、用户规模、各竞品收入规模等历史与预测数据的数据汇总与分析。

比如，在 2014 年容量规划时，针对即时通讯行业，规划经理收集、整理与汇总出的数据参见表 3.3。

表 3.3　收集第三方调研分析报告示例

链接	报告
发布方	艾瑞
发布原文	2014 ～ 2017 年中国互联网经济趋势洞察报告
发布时间	2014.4.14
发布方	易观
发布原文	微信本土化领先全球化尚处初级阶段
发布时间	2014.3.11
发布方	艾瑞
发布原文	中国即时通讯软件行业数据
发布时间	2014.7.4
发布方	CNNIC
发布原文	第 34 次《中国互联网络发展状况统计报告》
发布时间	2014.7
发布方	GlobalWebIndex
发布原文	GWI Social Summary Q2 2014
发布时间	2014.5

这时，我们就可以对即时通讯行业用户规模做出预测，参见表 3.4。

在分析过程中，如果多家第三方给出的数据不统一，可以取众数或者市场平均水平。比如：表 3.4 中阴影部分的数据就取了市场预测的平均值。

表 3.4　即时通讯行业用户规模及预测

预测项	时间							
	2010	2011	2012	2013	2014e	2015e	2016e	2017e
即时通讯用户规模（亿）	3.53	4.15	4.67	5.32	5.96	6.62	7.28	7.93
增长率	24.5%	17.6%	12.5%	13.9%	12.0%	11.1%	10.0%	8.9%
手机即时通讯用户规模（亿）				4.31	4.97	5.62	6.23	6.86
增长率					15.3%	13.1%	10.9%	10.1%
移动占比				81.0%	83.4%	84.9%	85.6%	86.5%

关于如何做好行业分析，属于另外一个专业领域与方向，超出本书论述范畴，在此不做赘述。

3.3.3　业务分析

业务资源规划需要抓住业务的核心需求进行。因此还需要结合中长期 IDC 资源的策略与布局原则，对业务的核心需求进行分析。

业务的核心需求从四大方面来看，分别是业务发展、用户体验、架构特性及资源质量，如图 3.10 所示。

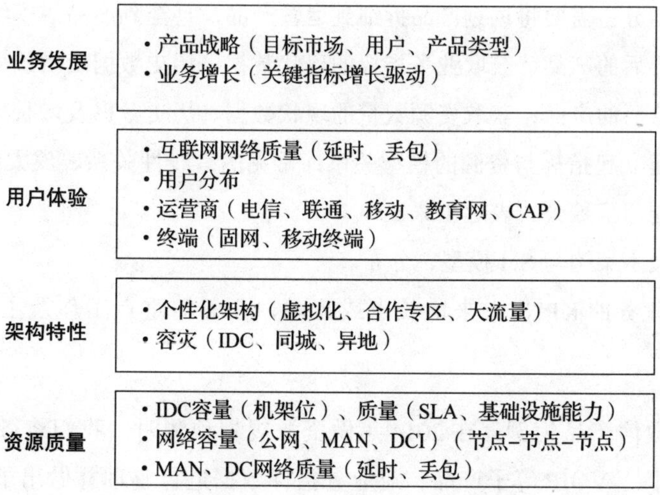

图 3.10　业务的核心需求分析内容

要进行业务的核心需求分析，需要平时与业务方多进行沟通，只有对所规划的业务核心需求非常了解，做出的资源容量规划才容易得到业务方的认可、接受。与业务资源规划预测相关的业务分析主要有两类：

- 业务现状分析。
- 规划预测分析。

业务现状分析，主要通过横向对比竞品与同类别产品（如：QQ 与微信）的指标、资源、技术架构、算法实现等差异，或纵向对比产品（如微信 6.0 与微信 5.4）的历史指标、资源数据、技术架构、单机性能指标的变化，达到了解或掌握业务产品所处的发展阶段、行业地位、运营资源成本等状况，并为未来的优化与演进提供对比数据基准。

规划预测分析，则主要通过一些预测模型（如 Bass 扩散模型、多水平 Bayes 模型、正交试验、联合分析等）进行业务产品的用户发展预测，进而通过单位用户资源关系模型，对未来发展所需的资源或成本进行预测分析，从而帮助科学预测业务发展所需的资源，保障业务发展，也为商务谈判、预算支出等提供决策参考依据。

对于业务产品数据的获取与分析包括：

- 产品拆分：需要将规划产品拆细到运营产品，甚至到产品规模级别。
- 对拆分后的产品：获取业务指标的现状数据、历史数据及增长变化趋势。
- 对拆分后的产品：获取资源数量的现状数据、历史数据及增长变化趋势。
- 试图建立起指标与资源的模型关系：常见的有线性关系、放大或指数关系，尽可能用函数公式表达出来。
- 产品技术架构与 Set 模型、分布。
- 分析业务的 KPI、未来增长点或需求、业务侧重点工作及主要矛盾或问题点。

以规划微信产品为例，在 2014 年做资源规划预测时，我们将微信拆细为基础 IM、朋友圈、VOIP 等子产品，对业务指标数据进行整理并做出了预测，参见表 3.5。

表 3.5　微信产品指标数据整理及预测

预测项	时间				
	2013	2014e	2015e	2016e	2017e
微信 DAU（万）	29 500	44 300	53 790	61 090	66 930
日收发消息量（亿）	162	418	2 000	4 000	5 500
朋友圈发表（亿）	1.4	2.9	4.2	8.0	10.0
朋友圈浏览次数（亿）	17.5	33.9	72.0	93.0	105.0
朋友圈日图片上传量（亿）	2.0	3.6	5.3	6.8	7.8
朋友圈相册文件总数（千万）	2 750	10 451	30 000	53 000	75 000
相册平均存储图片大小（KB）	62	63	55	40	40
相册峰值文件下载次数（万 /s）	40	121	198	280	400
VOIP 同时通话人数（万）	N/A	19	230	500	900
总存储量（P）	3.6	15.0	34.4	70.2	136.4

其中，DAU（日活用户）的预测一方面来自各第三方公司对即时通讯行业做出的增长率预测，另一方面来自业务历史数据的建模预测分析。

这里举一个微信用户规模预测的实例，依据微信公开的运营数据，收集并整理得到如表 3.6。

表 3.6　微信用户数整理

#	日期	天数	用户数（万）
1	2011 年 1 月 21 日	0	0
2	2011 年 8 月	207*	1 500
3	2011 年 11 月	298*	5 000
4	2012 年 3 月 29 日	433	10 000
5	2012 年 9 月 17 日	605	20 000
6	2012 年 12 月 7 日	686	27 000
7	2013 年 1 月 16 日	706	30 000

注：带 * 的具体日期不详，暂按月中的日期（当月 15 日）计算。

利用 Bass 扩散模型：

$$N_t = N_{t+1} + p\,(m - N_{t-1}) + q\,\frac{N_{t-1}}{m}\,(m - N_{t-1})$$

假定其创新系数 p、模仿系数 q 在一段时间内保持为常数，通过最大似然估计法或非线性规划的直接数值法求解，获得模型的参数值：

$$p = 0.000\ 086,\ q = 0.005\ 010,\ m = 78\ 500$$

我们得到表 3.7。

表 3.7　用 Bass 扩散模型预测微信用户数

#	日期	天数	用户数（万）	模型计算值（万）
1	2011 年 1 月 21 日	0	0	0
2	2011 年 8 月	207*	1 500	2 404
3	2011 年 11 月	298*	5 000	4 456
4	2012 年 3 月 29 日	433	10 000	9 424
5	2012 年 9 月 17 日	605	20 000	20 414
6	2012 年 12 月 7 日	686	27 000	27 515
7	2013 年 1 月 16 日	706	30 000	29 419

这样，我们就预测出了微信用户规模的数据及走势，如图 3.11 所示。

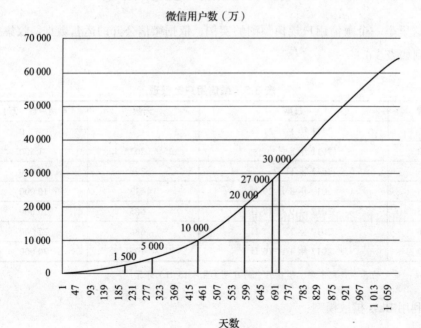

图 3.11　微信用户规模及走势预测

图中柱子的高度表示历史上的用户数，曲线表示模型的计算值。可以看到，模型对历史数据的拟合还是比较好的。

若可收集到更多的历史数据，同时引入协变量（如市场竞争活动、营销组合的变化、产品本身的变化、用户期望的变化等），使模型参数成为时变，则可望获取更为精确的拟合预测结果。

以上建模方法也可以推广到其他产品的用户数预测。如能结合 Hierarchical Bayes 模型、Conjoint Analysis 等方法，则不但可以根据最新积累的数据逐段修正对未来的预测，而且可以用于估计尚未发布的产品的未来用户数。

另外，表 3.5 中的其他指标预测方法为：2014 年按前 3 个月增长预测，2015 ～ 2017 年除按 DAU 增长率预测外，还补充考虑随终端用户便利性增加及 4G 的商用，用户带宽高速增长，微信高速发展，朋友圈相册增速应保持较高增长；对于存储的预测还考虑终端用户像素提高与优化控制，按上传图片增速，再加 20% 增长冗余（图片大小、套图数变化等）。

对于业务指标数据预测，在这里给大家留个问题，供有志于容量规划的读者思考：

微信活跃用户及收发消息的天花板会在什么地方？

3.4　规划制定

在规划的策略与布局原则的红线下，有了资源规划的全面分析，就可以应用规划方法论，实现具有前瞻性的、有效的业务资源容量规划。

3.4.1　前瞻性资源规划的实现

首先，在规划业务资源容量时，要将资源容量分以下构成来看：

- 存量扩容：包括自然增长及预期增长。这部分是容量规划最重要的部分，它是与指标增长变化直接相关的扩容规划。
- 长尾及运营支撑类容量规划：指与业务指标不相关的长尾模块或运营支撑类的业务容量规划。
- 新功能及工程项目的容量规划：可以预见的、需要开展的新功能、新业务、新工程项目等，工程项目如裁撤项目。

　● 优化项目的容量规划：可以预见的、或者新技术应用带来的优化减量。

> **注意**：由于是中长期的容量规划，我们忽略了季节性因素。实际上，在年度预算编制时，季节性因素是必须考虑的。比如娱乐类业务（腾讯视频与游戏）受寒暑假影响；微信社交支付则受春节影响较明显。

其次，容量规划的公式可以简单地归纳如下：

规划净增容量 = 理论容量 − 当前使用量 − 优化使用量 + 新功能及工程量

其中，理论容量为支撑未来业务指标，考虑理想利用率、架构分布的业务实际需求量。

最后，我们一般通过两种推导方法实现资源容量的规划，即**自顶而下总量推导**及建立产品资源模型进行的**自底而上模型推导**。这两种推导方法也提供了相互交叉印证的可能，确保容量规划的科学性。

下面，我们结合实例来介绍这两种容量推导的规划实现。

3.4.2　自顶而下的容量规划

自顶而下的容量规划指的是，从公司整体资源量出发，结合公司财报数据，推算总量，然后逐步细化分拆至业务部门及规划产品上。推算自顶而下总量推导步骤说明如下：

1）统计公司收入历史数据，结合行业市场规模及发展预测，进行公司分部及分季度的收入预测，并得出公司总收入预测。

2）统计公司成本历史数据，依据总收入增速情况，结合市场竞争格局变化与成本投入情况，进行公司分布及分季度的成本预测，汇总得出公司总成本预测。这里需要结合成本收入占比进行验证。上述第1点与第2点的历史数据可以由公司财报中获取。

3）统计公司运营成本历史数据，分析运营成本占收入比，同时依据运营管理策略与实际情况，设立总运营成本控制线，从而得到公司总运营成本预测。这里会用到第2点的总成本数据，按成本占比进行合理性验证。

4）按资源类别分拆及资源单价进行资源总量预测。这里要结合公司未来设备、带宽、机架结算成本趋势与运营管理控制要求，将运营成本分拆为设备、带宽及专线的总量，从而得出按资源类别的总量预测数据。

5）按细分行业分拆资源数量至业务部门或规划产品。按历史的分部设备与带宽数据，结合行业分析及考虑未来的发展趋势变化，将总量进行细分行业的分拆，得出细分行业的设备与带宽数据。

6）细分行业汇总绘图。

举例而言，在 2015 年容量规划项目中，我们按照自顶而下的总量推导规划，预测出 2015 ～ 2018 各资源容量数据如表 3.8 所示。

表 3.8　某企业 2016 年～ 2018 资源总量预测数据

	2013	2014	2015e/ 实际	2016e/ 实际	2017e	2018e
腾讯收入（亿）	506	742	993/1026	1244/1509	隐	隐
增长率 %	28%	47%	34%/38%	25%/47%	隐	隐
运营成本占比 %	9%	8%	8%/7%	8%/7%	隐	隐
年运营成本（亿）	47.46	60.52	80.49/72.79	100.61/98.22	124.76	153.45
服务器数（万）	38.41	42.77	48.55/52.78	55.08/63.58	64.73	76.79
年净增（万）	9.03	4.36	5.78/10.00	6.54/10.80	9.64	12.06
带宽数（G）	6031	10 214	15 896/19 590	20 625/32 808	26 199	32 992
总带宽增长率 %	62%	69%	56%/80%	30%/52%	27%	26%

从表中可以看到，针对 2015 年与 2016 年的预测，与实际数据对比，有非常接近的（如 2016 年的运营成本预测），也有偏差大的（如 2016 年总量带宽预测）。一方面是由于某企业公有云业务发力影响；另一方面自顶而下的推导有较大的瑕疵，毕竟细分到业务上不够精细，更多地依赖于历史数据，缺乏较多的科学依据。因此这份容量预测数据，更多地会用作总量控制的参考与汇总验证。

另外，时间跨度越大，预测数据的偏差也越大。因此，中长期 IDC 资源容量规划的编制需要按年滚动刷新。

3.4.3　自底而上的容量规划

自底而上的容量规划是指针对具体的某个规划产品，按照存量扩容的资源模型，考虑新功能新项目以及优化减量，进行推导，最终汇总所有的规划产品容量推导得出。自底而上的规划推导步骤说明如下：

1）规划产品归属的行业分析。针对规划产品所属的行业进行数据分析，得出行业未来趋势的变化，确保规划产品的业务指标具备合理性。

2）规划产品的业务分析。依据业务历史指标数据、资源数据，结合行业趋势变化，得出业务指标预测数据。

3）建立规划产品的资源模型。依据对规划产品的理解与业务分析，将产品拆细到业务，直到可以建立起业务的指标资源模型。一般要求建立起指标与资源的函数关系式。

4）资源科目分析及部署分布。在规划编制上，除了资源的数量之外，资源的质量、分布也非常重要。这时需要依据历史分析，及对业务核心需求（业务发展、用户体验、架构特性、质量要求）的理解与把握，拆分科目并合理分布部署。

5）资源类型分布。依据业务架构特性、质量要求，对未来资源类型进行合理分布，包括使用合适的机型，合适的带宽类型。

6）多维度验证。

我们以 2014 年做 HRTC 视频这个规划产品为例，介绍自底而上的资源容量规划方法与过程。首先，收集人口及网民、智能手机等基础数据，参见表 3.9。

表 3.9　资源规划 – 网媒 / 视频 / 广告行业发展分析

	2011	2012	2013	2014e	2015e	2016e	2017e
中国总人口规模（亿人）	13.39	13.40	13.49	13.52	13.55	13.55	13.55
整体网民规模（亿人）	5.13	5.64	6.18	6.75	7.37	7.98	8.60
PC 网民规模（亿人）	4.93	5.53	5.91	6.28	6.7	7.03	7.25
PC 网民占比	96.10%	98.05%	95.63%	93.00%	90.97%	88.13%	84.31%
移动网民规模（亿人）	3.56	4.2	5	5.78	6.37	6.89	7.45
移动网民占比	69.40%	74.47%	80.91%	85.59%	86.49%	86.38%	86.64%
智能手机市场出货量（亿台）	0.72	1.94	3.18	3.75	4.26	4.72	5.14
中国智能手机保有量（亿台）	2.00	3.60	5.80	7.80	9.20	10.30	11.30

通过表 3.9 可以得到网民及移动网民的增长率数据。然后，通过收集整理行业分析调研报告，比如艾瑞的报告，并参考其增长预测，推导得出未来 3 年视频行业用户增长数据，参见表 3.10。

表 3.10　视频行业用户数据及增长率

	2011	2012	2013	2014e	2015e	2016e	2017e
中国视频用户规模（亿人）- 月度覆盖	3.9	4.5	4.8	5.2	5.7	6.1	6.7
增长率	20.50%	12.90%	8.50%	8.3%	8.9%	8.3%	8.8%
中国网民规模	5.13	5.64	6.18	6.75	7.37	7.98	8.68
视频用户占比	76.02%	79.79%	77.67%	77.00%	76.86%	76.86%	76.86%
移动 APP 覆盖用户（亿）	N/A	N/A	1.81	3.12	4.37	5.24	5.77
PC 覆盖用户（亿）	N/A	N/A	4.64	5.10	5.55	6.01	6.54

由于 HRTC 视频是视频行业领先的业务产品，而且起步较晚，可以预测其用户规模及增长率等于或略高于整体行业的增长。由此，推导预测出未来 3 年 HRTC 视频的用户及视频观看量指标数据，参见表 3.11。

表 3.11　HRTC 视频 UV 及 VV 规划预测

	2011	2012	2013	2014e	2015e	2016e	2017e
视频全平台覆盖人数（日最高 - 万人）	2 000	4 401	5 494	9 800	15 680	23 520	32 928
增长率	N/A	120.05%	24.84%	78.38%	60%	50%	40%
视频 VV 数（日最高 - 亿）	1.1	1.99	2.41	5.62	12.0	20.0	30.0
视频 vv 增长率	N/A	80.91%	21.11%	133.37%	113.5%	66.7%	50%

建立 HRTC 视频产品设备资源模型。设备资源一般取决于接入层、逻辑层的请求数或调用访问及处理量，存储层需要存储的数据量及存储份数。拿视频转码设备资源模型来讲，我们建立的资源模型如表 3.12 所示。

表 3.12　视频转码设备资源模型

视频转码	A	编辑上传视频文件量（个 / 天）
	B	视频规格数（个）
	C	视频文件平均大小（MB）
	D	单机峰值转码能力（MB/ 台）
	转码文件量（GB/ 天）	=a*b*c
	视频文件总存储量（P）	= 转码文件量 * 存储份数
设备资源量	转码设备数（台）	= 转码文件量 /d
	存储设备数（台）	= 视频文件总存储量 / 每 set 存储量 * 每 set 设备数

同理，可以建立 P2P、视频直播、视频播放等设备资源模型。这样，我们就依据

资源模型预测推导出 HRTC 视频产品的各业务功能模块的资源量（总量），参见表 3.13。

表 3.13　HRTC 视频设备资源容量规划数据

产品功能模块	平台科目	2013	2014H1e	2014H2e	2015e	2016e	2017e
视频转码	业务自身	1 146	1 194	1 194	1 400	1 500	1 600
P2P	业务自身	302	366	366	400	420	430
视频直播	业务自身	431	352	360	450	550	650
视频播放	业务自身	775	1 153	1 200	1 400	1 550	1 650
视频存储	统一存储	1 591	2 339	3 000	4 000	5 000	6 000
合计：	业务自身	2 654	3 065	3 120	3 650	4 020	4 330
	统一存储	1 591	2 339	3 000	4 000	5 000	6 000

有一些长尾模块或运营支撑业务，与资源指标不是十分相关，这部分资源的预测也需要有。一般可按行业增长线性推导得出，参见表 3.14。

表 3.14　HRTC 视频其他业务模块设备资源容量规划数据

产品功能模块	平台科目	2013	2014H1e	2014H2e	2015e	2016e	2017e
其他业务模块、长尾业务及运营支撑等	业务自身	200	515	500	500	500	500
	虚拟机	8	11	15	20	25	30

另外，针对新功能开发、运营项目等资源容量规划，也无法以资源模型能总结推导，资源量也非常小，这种情况一般由规划经理对业务的了解，按历史经验，给极予少量的设备预测。

最后合并，最终就得出了 HRTC 视频这个规划产品的设备资源容量规划数据，参见表 3.15。

表 3.15　HRTC 视频 2014 年～ 2017 设备资源规划预测

	平台科目	2013	2014H1e	2014H2e	2015e	2016e	2017e
设备总量	业务自身	2 854	3 580	3 620	4 200	4 620	4 980
	虚拟机	8	11	15	20	25	30
	统一存储	1 591	2 339	3 000	4 000	5 000	6 000
	合计：	4 453	5 930	6 635	8 220	9 645	11 010
设备增量	业务自身		726	40	580	420	360
	虚拟机		3	4	5	5	5
	统一存储		748	661	1 000	1 000	1 000
	合计：		1 477	705	1 585	1 425	1 365

带宽资源的容量规划类似，也是由指标与资源建立起资源规模进行推导。带宽资源的业务指标虽然与设备不一样，比如使用单次请求的流量来推导，但也需要有函数关系。比如：HRTC 视频点播带宽量（Gbps）近似等同于视频观看次数 * 码率 * 观看时长 -P2P 贡献带宽。

仅有资源容量规划的数据与科目还是不够的，对于规划编制而言，还需要依据业务需求、用户体验、架构特性与质量等，进行资源的分布策略规划。例如：HRTC 视频的设备资源，依据当年的 IDC 策略及布局原则，分不同的科目，分别做出如下 zone 的分布，参见表 3.16 和表 3.17。

表 3.16　HRTC 视频业务自身科目设备资源分布策略

业务自身	2014e	2015e	2016e	2017
成都	8	81	59	50
上海	4	87	63	54
深汕	—	—	105	90
深圳	22	290	105	90
天津	5	116	84	72
香港	0	6	4	4
总计	40	580	420	360

表 3.17　HRTC 视频统一存储科目设备资源分布策略

统一存储	2014e	2015e	2016e	2017e
成都	258	220	220	220
广州	73	—	—	—
上海	106	200	200	200
深汕	—	150	150	150
深圳	86	150	150	150
天津	86	200	200	200
香港	53	80	80	80
总计	661	1 000	1 000	1 000

最终输出的 HRTC 视频产品容量规划，还要考虑满足以下几点：

- 业务迅速发展，15 年仍保持相对快速增长。
- 采用新编码技术，直播、点播的播放平台、转码设备有需求。
- 带宽优化：采用 P2P 效率提升、缓存控制、削峰填谷等方式进行带宽优化。

可见，依据建立业务资源模型而实现自底而上的容量推导，更贴近业务，也更精细合理。是实现容量规划最主要的推导方法。

3.4.4　业务架构优化演进规划

在容量规划编制输出时，针对某些重点的业务，还需要解决该业务核心需求分析里发现的主要矛盾与重点任务。

举例来讲，在 2013 年某相册业务容量规划时，就针对其架构演进及优化任务做出了规划。首先，依据业务指标及资源模型，推导出未来 3 年的某相册设备资源的需求量，参见图 3.12。

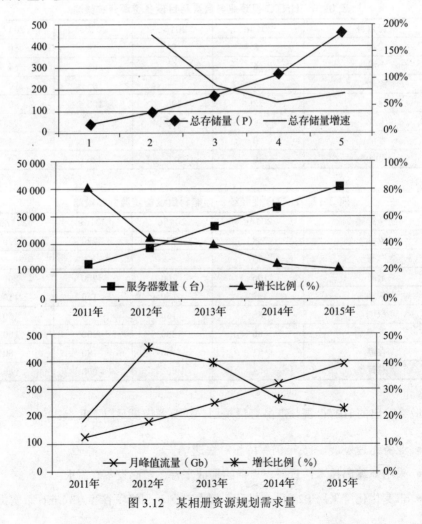

图 3.12　某相册资源规划需求量

其次，针对相册业务存在用户体验及就近访问的主要矛盾，做出的架构调整及接入优化的方案，参见图 3.13。

> ● 2013延续现有三通点与 "一" 通点的部署架构。
>   ■ 逐步提高三通点新图搬至一通点比率（年底达30%）及场景热图推向OC点（提高到15%带宽占比）
>   ■ 一通点DGA增加联通出口，就近覆盖南方联通用户
>   ■ **三通点资源不足时调度：新增SHD三通点，HZA转SHD；GZA转SZD；XAA转SZD与SHD**
>   ■ **一通点资源不足时调度：DGA转SZD，NJA转SHD**
> ● **解决移动接入：三通点就近接入XAA/上海等，一通点proxy接入**
> ● **解决中小运营商接入：三通点启用CAP平台接入，一通点proxy接入**
> ● **2014年建成并启用以TJD、SHD、SZD三个多通点，其他点逐步弱化**
>   ■ 辅以AC（存量）+OC（热图）进行流量输出

图 3.13　某相册规划方案（部署架构及接入优化）

对于相册业务架构及设备资源的分布，也制定了相应的规划，由 A 演进到 B 最终到 C，参见图 3.14。

最后，对于相册业务用户体验的关键优化任务，以及主要跟进的运营项目工作，做出了规划排期，参见图 3.15。

3.4.5　资源规划小结

最后，总结一下企业资源规划（即中长期 IDC 资源容量规划）的主要内容。

通过自顶而下的容量推导，给出中长期资源总量规模的预测，对于总的运营成本及资源总量控制有了大致的方向，是资源的总体规划。依据指标资源模型，自底而上得出详细的业务发展资源规划与预测，并依据业务核心需求，进行有针对性的部署、关键运营任务等的规划，这是细分的业务资源规划。这两份容量规划，可以互相佐证规划预测数据的合理性与一致性。容量规划预测数据的编制输出，是年度预算控制的重要依据与参考。由此进一步可输出 IDC 建设规划、网络建设规划以及 CDN⊖建设规划，帮助我们进行运营总成本预估、各业务成本预估及运营工作重点跟进。通过中长期 IDC 资源规划，可以实现对公司战略的理解落地、业务需求的收集归纳、运营目标的确定。资源容量规划内容参见图 3.16。

⊖　在腾讯公司，CDN 节点又称为 OC 节点，即 Outer Center 节点。

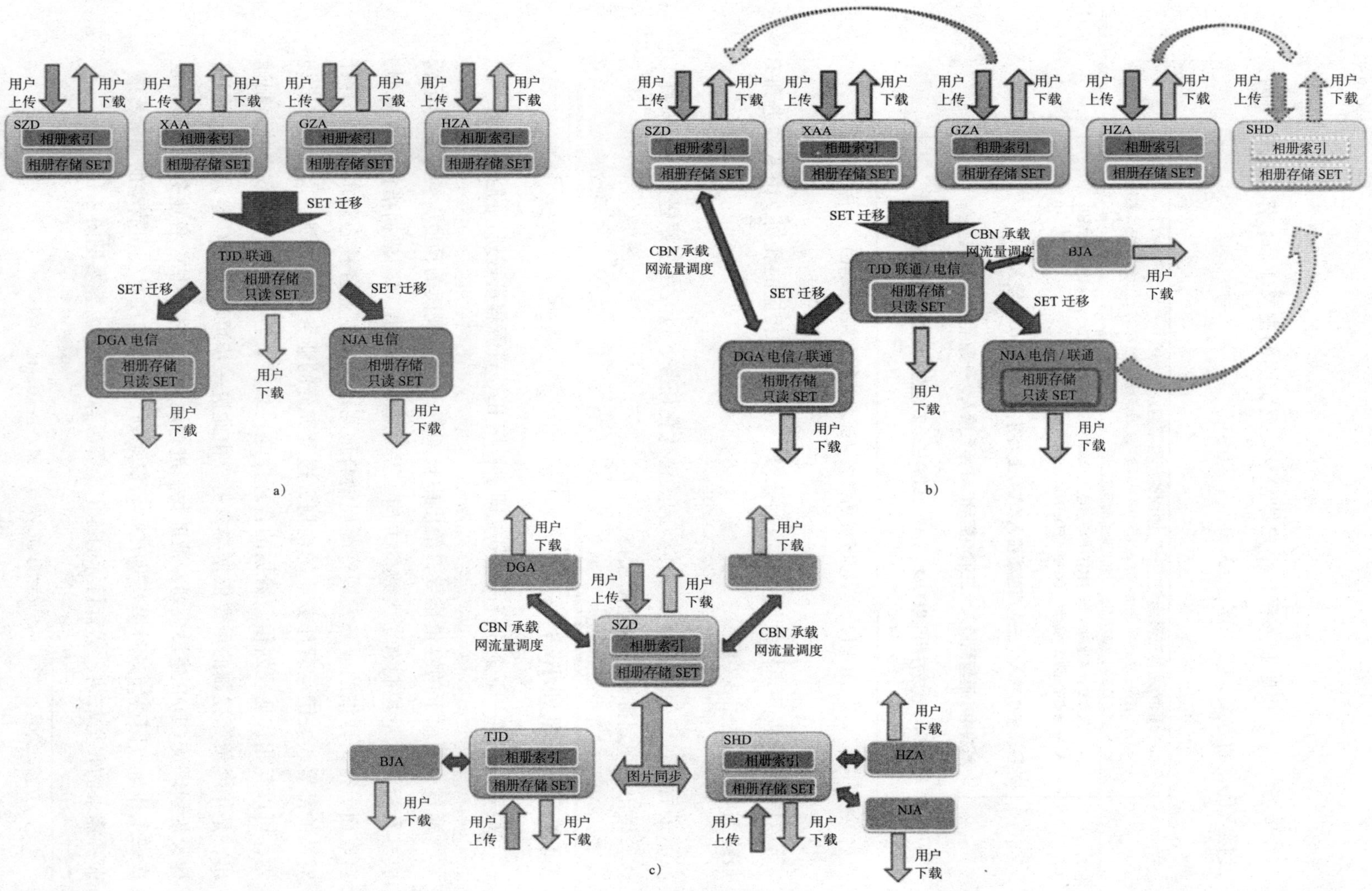

图 3.14 QQ 相册分布演进示意图

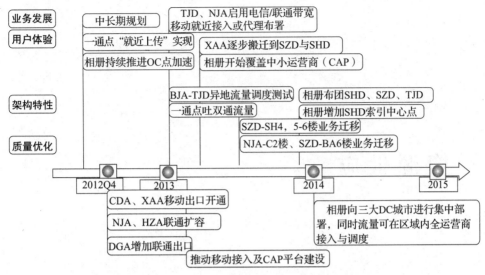

图 3.15　某相册业务关键优化任务路线图

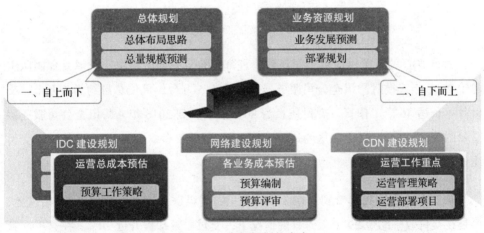

图 3.16　容量规划的内容

3.5　本章小结

腾讯运营资源规划，是"预见未来"，更是"遇见未来"。随着对规划数据的积累与沉淀，关于业务分析和容量规划的未来演进，必定可以更加自动与智能。相信不久的未来，机器学习可以引入到业务分析和容量规划中来，帮助实现更科学、更高效的规划预测，保障业务健康可持续发展。

第 4 章 | Chapter4

资 源 供 应

兵马未动，粮草先行。

——《南皮县志·风土志下·歌谣》

腾讯 IDC 的资源供应由公司运营管理部资源管理团队负责。资源管理团队组建于 2008 年，彼时腾讯全公司服务器总量约为 5 万台，机位总量约为 6 万个，交付效率长达 46 个工作日，交付质量为 80% 以下。到 2016 年，腾讯全公司服务器总量约为 67 万台，机位总量约达 78 万个，但交付效率缩短到 17 个工作日，交付质量提升至 99.9%。

从这个数据中我们看到，在 8 年时间里，腾讯服务器和机位增长 10 倍以上，但是在交付效率缩短 29 个工作日的情况下，交付质量却提升近 20%。在这里，管理资源供应链的能力起了重要的作用。

作为技术运营的重要工作内容之一，**资源供应管理**是业务发展保障、领先地位保持及运营效率提升的基础。本章将为大家揭晓 IDC 资源供应管理与高效运作过程。

4.1 资源供应管理概述

本节我们概要了解一下资源供应管理的概念。

1. 资源供应管理的定义

资源供应管理是指在生产过程中，对人、技术、资源三要素的"规划、监控、管理、服务"，将业务运营过程的信息流、决策流进行有效控制和协调，集成公司内部资源供应链与公司外部资源供应链，持续进行资源流转管理与优化，从而促成业务在资源使用成本、效率和质量三方面的相对平衡。

2. 资源供应管理的特征

资源供应管理具有如下特征：

- 以产品需求为驱动，以 BG 满意为目标。
- 资源供应和 BG 运营部之间关系紧密，双方共担风险，共享利益。
- 资源供应链中所有节点企业、部门或团队作为一个整体进行管理。
- 需对工作流程、信息流、现金流程进行设计、执行、修正及持续改进。
- 利用 IT 系统不断优化和集成资源供应的运作。
- 按需、按时生产及供应。
- 严格控制采购、库存、机位空闲等成本。
- 对业务分布提前规划，优化业务布局，减少流量穿越。

3. 资源供应管理的主要内容

企业资源供应管理主要涉及四个工作模块：资源微观规划、服务器资源管理、IDC 资源管理、资源服务，各个模块将"规划、监控、管理、服务"贯穿始终，从而实现最低的成本、最快的效率、最好质量的资源供应。

四个工作模块的简介如下。

- 资源微观规划：微观规划是资源供应的核心，目标是引导业务布局及保障业务发展所需求的 IDC 资源供应。
- 服务器资源管理：根据资源微观规划，实现满足业务发展需求的服务器新技术、服务器采购、服务器库存、服务器退役等管理。
- IDC 资源管理：根据资源微观规划，实现满足业务发展需求的 IDC 中长期规划、IDC 机房建设、IDC 机位容量、IDC 机房裁撤、带宽、专线、IP 等管理。

- 资源服务：根据资源微观规划，实现满足业务发展需求的资源供应、资源调度等各项资源类的服务保障。

4.2 资源微观规划

2014 年前，腾讯业务的分布模式是随着 IDC 机房的建设走。即在哪里建机房，业务就往哪里分布，同时机房规模都偏小，一个 IDC 园区总容量普遍在 1 万台服务器以下。这种模式的弊端很明显：易造成业务分布不合理，流量穿越严重；BG 全年业务需求的满足度无法评估；业务追加资源能否满足无法预测；服务器采购和机房建设的节奏如何把控更多的是依靠经验。

到 2016 年，通过资源微观规划的实施，以 BG 需求为基础，将需求、业务分布、机房建设、服务器采购等有机结合并与资源供应对齐，实现了业务分布、BG 全年需求的满足度、追加需求评估、服务器采购和机房要求交付节奏的透明化。

我们接下来探讨资源微观规划具体是什么，为什么要做微观规划以及微观规划应该怎么做。

1. 资源微观规划的定义及意义

资源微观规划实际上可看作是一套将方法论、流程、系统结合在一起的工具，可帮助我们企业实现 IDC 资源供应的智能化、自动化管理，它包括以下工作要点：

- 从业务部门的核心需求出发，兼顾 IDC 基础设施能力，实现所需资源的高质量、高效率、低成本配置。
- 依据公司业务的 IDC 资源部署分布及运营现状、IDC 基础架构的服务能力、业务与数据中心的行业中长期展望，同时兼顾 IDC 运营资源"集约化、管控化、透明化、可视化"的管理要求。
- 通过将服务器、带宽资源供应的相关流程进行工具化、服务化整合优化，如机位供应趋势评估、服务器供应周期评估、业务超预算评估、需求自动匹配等。最终实现这些资源供应环节的自动化、智能化生产，同时也帮助业务部门实现业务合理规划部署落地及可持续发展。

微观规划是资源供应的核心，是资源管理的源头和决策的理论基础，同时也是对外输出资源服务的策略依据。其具有以下意义：

- 引导和规范业务部门的需求。
- 保障业务发展所需的 IDC 资源供应。
- 依业务特性指导业务进行合理的分布。
- 为未来新的业务的运营形态、成本、部署提供建议。
- 指导各项资源服务的策略、SLA（服务等级保证）的落地及优化。
- 为业务申领资源提供凭据。

2. 资源运营体系框架

我们可以用图 4.1 来描述整体的 IDC 资源运营体系框架。

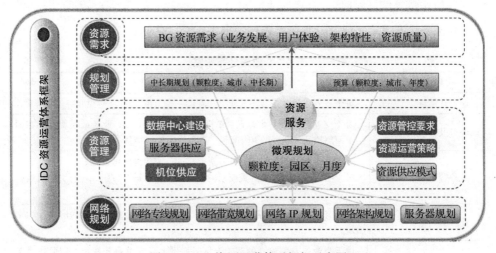

图 4.1　IDC 资源运营体系框架示意图

从图中可见，资源微观规划将业务需求、业务分布、机架储备及机位库存、服务器采购及服务器库存、资源策略等有机结合，并与资源供应对齐，实现合理分布、机房建设计划、服务器采购计划、网络架构、IP、专线、带宽规划的透明化。

其中，微观规划的输入数据有两部分：

- **需求数据**。来源于：规划的宏观规划、每年的预算数据、针对 BG 的需求预测、收集的相关需求。

- **资源数据**。来源于：机架储备、机位库存、服务器库存、大订单剩余、业务下架计划、迁移计划、资源运营策略（如：三园区、双园区等）、资源供应策略（如千万兆）。

经微观规划匹配需求与资源供应的规划输出包括：业务分布、服务器采购、机房建设、IP/专线/带宽、需求交付、资源管理策略。

3.资源微观规划策略及执行

资源微观规划的实现需考虑以下策略：

- **需求细化策略**。将 BG 的全年需求细分到部门、规划产品、月、类型、数量、zone、compus、moudle、逻辑专区。这便于资源供应的智能化、自动化管理，实现业务全年的分布、每月详细的需求情况及要求的服务器量、机房量等信息展现。
- **业务分布策略**。业务分布策略需要考虑多方面，参见表 4.1。

表 4.1　业务分布策略

考虑项	分布策略
业务连续性	单个业务尽量考虑 2 ~ 3 年分布在同一个 IDC 园区，避免业务过于分散
业务及模块耦合性	对于交互较强或有大流量（单机点到点大于 100m）业务或模块需要在同一个网络模块（moudle）内部署，避免产生流量穿越
业务容灾要求	对于业务有多园区或双园区容灾要求的，需要分园区规划； 对于同园区有交换机容灾要求的，需要对需求进行分组，进行交换机或机架容灾
业务的网络要求	业务有虚拟化、IP 漂移、合作专区等要求，需要建设特殊的网络架构来满足
专区专用原则	对于为业务专项建立的逻辑专区，原则上只能本业务使用，如财付通专区，只能安排财付通的设备上架

资源微观规划的输出结果是资源申领的唯一依据，即执行微观规划时，资源申领必须与微观规划数据一致。

当然，微观规划数据并非一成不变，可以依据业务实际情况及变化做出相应的微观规划数据滚动与更新。其中：

- **规划数据滚动**。每个月对资源微观规划执行当月之后的 3 个月到年底的需求滚动。主要为指标超预期/不达标、新功能、新项目等导致需求追加或减少时导致需求的变化，指导后续服务器大订单及机位容量评估。

- **规划数据变更。** BG 侧可随时依据业务变化发起资源微观规划数据变更；园区内机位需求总量不变时，智能变更；园区内机位需求总量超出时，须追加评估。

4. 资源微观规划实施价值

我们以一组实际数据来看资源微观规划的实施价值。

例 1 满足业务发展资源需求。2016 年上半年，某企业资源管理团队累计为各部门业务需求交付物理服务器 9.3 万台。

例 2 指导业务合理分布。2016 年上半年，某企业资源交付量大，且主要的资源 Zone（城市）存在单园区供应的情形，有效实施资源微观规划，业务部署离散度仅上升 0.6%（35.5% 上升到 36.1%）；作业业务服务器需求超预算 32%，但 Campus（园区）间 MAN（城域网）流量穿越仅上涨 13%，达成控制目标。

例 3 优化提升服务能力。某企业资源微观规划自助变更系统上线，启动资源规划"两会"（"BG 资源规划需求滚动沟通会"和"资源规划评估供应协调会"），实现用户自助化变更、在线一站式进行机位、预算满足度评估（服务器评估待开发），初步具备资源快速决策能力。

4.3 服务器资源管理

服务器资源管理的效率直接影响着业务的发展与运营成本。腾讯在 2008 年～ 2016 年的 8 年间，实现服务器资源交付周期的四连跳：46 个工作日→ 30 个工作日→ 23 个工作日→ 17 个工作日，达到行业领先水平。

服务器资源管理水平的提升，有来自采购订单模式的转变，也有资源供应模式的优化，涉及很多方面，我们主要介绍以下四个方面的管理：服务器新技术应用、服务器采购、服务器库存、服务器退役。

4.3.1 服务器新技术应用

硬件技术在不断地发展进步，规模化应用后性价比更优，同时 BG 业务发展对服务器的性能要求也在不断提升。在综合考虑性能、稳定性及业务需求的情况下，切换或引入新技术标准的服务器类型或平台是十分必要的。这也是服务器新技术应用的目的。

服务器新技术应用包括**新增设备类型**与**新增设备版本**两种情形。

1. 新增设备类型

新增设备类型即引入服务器新产品，这分为两种情况，分别是新厂商服务器型号引入和部件变更，两种情况的评审和实验室测试范围要求不同。

- 新厂商服务器型号的引入必须完成所有团队的评估和测试认证。
- 部件变更是指在已经引入的厂商机型上进行配置变更，只需根据变更部件对基础架构适配性和软硬件技术规范的影响进行针对性测试认证。

2. 新增设备版本

企业对所有新引入的服务器关键部件（处理器、内存、硬盘、固态硬盘）、PCI-E 固态硬盘、阵列卡、HBA 卡（主机总线适配卡）、网卡、FC 卡（光纤卡）、光模块、电源模块等，均按版本进行标识管理。

要应用服务器新技术，新增设备类型与新增设备版本，就必然涉及新增 / 引入的流程。腾讯新设备类型引进流程如图 4.2 所示。

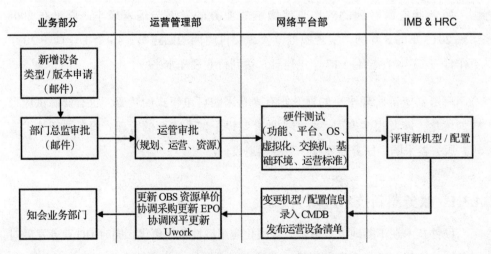

图 4.2　新增设备类型 / 版本管理流程

流程图中，各角色及职责分别如下。

- 业务部门：提交新增设备类型 / 版本申请。
- 运营管理部：负责规划、运营、资源等方面的审批。
- 网络平台部：负责服务器硬件功能测试。
- IDC 平台部：负责 IDC 基础环境适配性测试。
- 硬件选型评审委员会（HRC）：负责实验室测试结论和小批量试用的评审并发布结果。
- 架构管理委员会（IMB）：负责认证标准中必选项的评估与审核；负责从基础架构适配性维度审核测试结果，并做技术决策，发布审核结果。

4.3.2　服务器采购

承载业务运营的服务器资源最初均来自于采购。采购需满足各 BG 的业务需求量及时间要求，但由于大批量的设备采购也会对公司的现金流支出产生影响，因此资源管理团队需要权衡运营效率与成本支出，合理考虑采购实施的时间。这就涉及服务器采购模式的优化。

长期的运营经验表明，服务器采购模式的探索与持续优化，在资源运营效率提升及运营成本支出控制上效果显著。实际上，2012 年以前，腾讯资源供应交付时长为 46 个工作日，其中 80% 以上的时间主要花费在设备的采购周期上。后来，资源管理团队在对需求分析的基础上实行采购模式的转变，从原来的见到 BG 需求单采购转化为"集约计划订单"的模式，供应交付效率长得到了大幅提升。

目前，腾讯在服务器采购方面实施两种采购模式：集约计划订单采购和标准订单采购。

- **集约计划订单采购**。根据 BG 的需求，提前一个季度（如 Q2 的预测量需要在当月 1 ～ 15 日前输出）给出需求的预测量，采购需求在预测量的范围内，供应商需要做到双周送货，同时如果当季预测量腾讯没有完成采购，需要在下季完成采购。
- **标准订单采购**。针对境外或特殊机型不在计划性订单范围内，通过 BG 的需求单来触发采购。

两种采购模式的特点及优劣势对比如表 4.2 所示。

表 4.2　服务器采购模式对比

采购模式	特点	优势	不足
集约计划订单采购	订单内数量双周到货，约占采购量的 95%	成本最优，到货有保证	在预测不准的情况下有清货压力
标准订单采购	按需求采购，约占采购量的 5%	管理简单	采购周期可能长达 1～2 个月

显然，集约计划订单采购正变得越来越重要，但其中预测量的准确性非常关键，我们有必要展开说明集约计划订单采购的实现。图 4.3 显示了集约计划订单的生成流程。

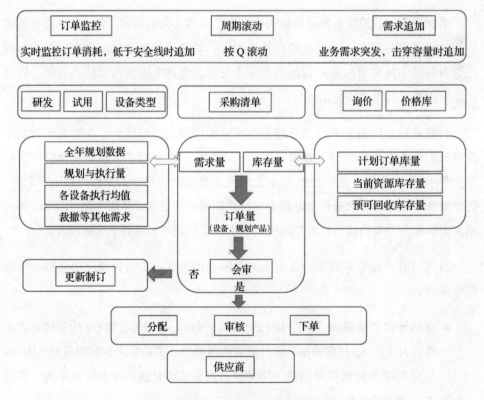

图 4.3　集约计划订单生成流程示意图

从流程图可见，集约计划订单的输入端有两部分：需求量与库存量，其中：

- 需求量包括全年规划需求、规划与执行量、裁撤需求、项目需求、BG 的试用计划等。
- 库存量包括前次集约计划订单执行余量、当前可用库存量、BG 的退回 / 回收计划量等。

集约计划订单强调计划性，并同供应商达成一致，形成制订周期。一般而言，集约计划订单需提前 2.5 个月完成制订，如 Q2 的计划性订单，最迟需要在 1 月 1 日～ 15 日前输出给供应商。图 4.4 列出了腾讯 2016 年全年的集约订单的执行进度计划。

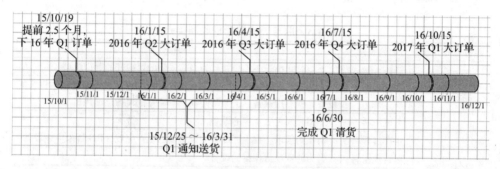

图 4.4　集约订单的执行进度示例

服务器采购模式未来还可以持续探索提升。比如 VMI 模式、部件级采购模式。所谓 VMI（Vendor Managed Inventory，供应商管理库存）是一种以用户和供应商双方都获得最低成本为目的，在一个共同的协议下由供应商管理库存，并不断监督协议执行情况和修正协议内容，使库存管理得到持续改进的合作性策略。部件级采购是指，将服务器拆分成 CPU、内存、硬盘三大件，根据三大件来下达采购集约订单，待明确 BG 设备类型需求后再给供应商下发具体的采购类型，供应商根据类型将部件进行生产及发货。

4.3.3　服务器库存

服务器库存亦称服务器资源池。由于业务发展变化或季节性因素，包括突发、故障等，有资源供应就难免会产生资源库存。如何管理好库存，减少不必要的浪费及提升资源周转利用效率，是精细化运营的内容之一。

　　我们期望通过精细化资源运营达成资源池的增长低于全公司需求比例及服务器总量的增长，"精确"预测业务的季度性需求或管理外部供应商资源应对突发等。终级理想目标是"云化"或"0"资源池。

　　当前，为了有效地对服务器库存进行管理，腾讯参考传统行业的库存管理方法，对库存分为物料属性和需求属性两个纬度来管理：

- 服务器物料属性主要包括：好料、差料、不可用料。
- 需求属性包括：生产过程料、项目预留料、空闲料、离线计算料。

服务器库存见表 4.3。

表 4.3　服务器库存管理物料类别

库存管理维度	物料类别	物料描述
物料属性	好料	上架时间小于 3 年，并且为当前采购的可搬迁的通用机型
	差料	上架时间在 3 年内，但为不可搬迁并且在专区或低网络版本机房的设备，或专用设备；上架时间在 3 ～ 4 年的可搬迁通用机型
	不可用料	上架时间大于 4 年的设备
需求属性	生产过程料	指预约需求，在生产部署中设备或已生产完成，BG 暂未申领设备
	项目预留料	指为特殊项目预留的设备
	空闲料	指未预约需求的设备
	离线计算料	指用于 BG 的离线计算的设备

　　在实际的服务器库存管理中，需求属性管理要建立在物料属性管理的基础之上，因此，我们对服务器物料属性的管理有明确的使用原则及降库存处理对策，如表 4.4 所示。

表 4.4　服务器物料使用原则及降库存对策

物料类别	使用原则	降库存对策
好料	运用于常规需求、短租、裁撤需求、故障替换及各项目	资源规划、升降配、缓冲池优化、可视化的拉式管理、离线计算
差料	故障替换、特殊项目、短租	故障替换、设备归整、低负载推销、离线计算
不可用料	—	离线计算、退役、归整

　　对于服务器库存的管理，我们也需要建立管理能力与运营效率的评估指标，这包括：

- 资源池周转天数：期间累计交付次数 / 期间周平均库存。
- 资源池周转次数：期间天数 / 周转次数。
- 资源池单固资次数：年交付总次数 / 年交付固资数。
- 资源池总库存量：指统计时期资源池的服务器总量。

要达到服务器库存管理的终极理想目标（"云化"或"0"资源池），未来还有较大的优化空间与很长的路要走，比如"云化"资源池的定义与使用，比如进一步提升资源池的周转率，等等。

4.3.4 服务器退役

无论是从性能、功耗及故障率、维护成本等因素看，服务器等设备资源都有使用寿命，资源使用寿命管理的最后一环就是服务器退役。服务器退役是指运营设备从 IDC 机房中停机下架，退出运行，并不再使用。

退役的服务器必须满足以下几个条件之一：

- 运营满 5 年（以设备的入库时间为准，下同）的设备，可以退役。
- 运营满 3 年、不满 5 年的故障设备（即过保故障设备），在运营维护人员确认无法维修的情况下，可以安排退役。
- 捐赠，按项目处理，可以安排退役。
- 除以上 3 种情况外其他特殊情形的退役：须提出书面退役申请，同时附上成本分析报告，硬件配置清单等信息，经评审通过后安排退役。

4.4 IDC 资源管理

本节介绍的 IDC 资源管理的主要方面包括：IDC 机房建设、机位容量、服务器网络带宽 / 专线流量、机房裁撤。

4.4.1 机房建设

IDC 机房作为一切互联网业务运营的基础设施，具有投入大、建设周期长、一旦建成扩容改造难的特点。其中建设周期直接影响到上架设备资源及供应问题，我们最为关注。

IDC 机房建设的模式不外乎：租用、合建与自建。无论哪种模式，建设周期与该机房建设时所具备的条件都有很大不同。一般来讲，有以下三种情况：

- 有机架：建设周期 3 个月，多见于合建与租用模式。
- 有地无机架：建设周期 6 ~ 9 个月，多见于合建或自建模式。
- 无地：建设周期 12 ~ 15 个月，多见于自建模式。

发起 IDC 机房建设的依据主要来自于 IDC 中长期资源规划数据（参考第 3 章内容），同时结合现有空闲余量等。由于建设周期较长，IDC 机房建设要计划进行，包括两类：中长期 IDC 建设储备规划与 IDC 年度建设计划。

- 中长期 IDC 建设储备规划：根据 IDC 中长期资源规划，结合机位的空闲情况，计算出未来各 Zone（城市）3 ~ 5 年需要的机位总容量，指导采购建设部门进行机架资源储备。
- IDC 年度建设计划：根据 IDC 中长期资源规划、资源微观规划、机位的空闲情况，资源库存中可用的设备量对齐，计算出当年内各 Zone（城市）需要建设的机位容量、交付时间点、网络版本等。

IDC 机房年度建设计划确定后，每个 IDC 机房按计划按流程启动建设。腾讯 IDC 机房建设流程及工期保证示意如图 4.5 所示。

从图中可见，IDC 机房建设耗时主要在设备的采购及网络调试这两个阶段，长达 3 个月。随着规模能力提升与资源管理效率要求，腾讯机房建设模式已采用集约化建设模式，即一个 Campus（园区）机位容量要求可建设 10 万台，分批建设提供机位（如自研通用机房单次建设以 1 ~ 1.8 万台为单位进行交付）。

另外，IDC 机房建设的时期不同，规格也不同，单网络模块的管理设备规模与网络能力也有差别。腾讯一般以网络架构版本来区分，2016 年前的网络架构主流版本是 v3.5，之后是万兆机位为主的 v5.0 版本。

4.4.2　机位容量

IDC 机房建设完成交付机位后，就进入了机位容量管理阶段。机位容量的管理需要与业务资源需求匹配外，考虑建成年份、网络版本等因素，同服务器库存管理一样，有"好料"、"差料"和"呆料"区分与管理。

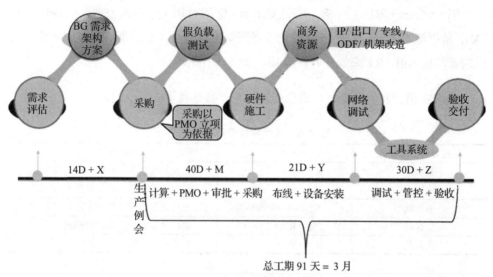

图 4.5　IDC 机房建设流程及工期意图

三类机位的定义与使用原则列表如表 4.5 所示。

表 4.5　机位类别及使用原则

机位类别	定义	使用原则 & 策略
好料	Zone 为深圳、上海、天津、成都的通用存量机位（网络架构 v3.5 或以上）	用于自研常规需求
差料	Zone 非在深圳、上海、天津、成都的所有通用存量机位（网络架构 v3.5 以上）及所有 Zone 的云机位（v3.5 以上）、所有 Zone 的专用特殊专区机位（v3.5 以上）	用于在 AC 有分布的自研常规需求、云需求、专用需求
呆料	所有 Zone 的滞销机位（网络架构版本 v3.0 或 v2.0）	裁撤

对于除呆料之外的机位容量管理，腾讯使用的方法是"资源状态生命线管理法"。即根据空闲机位容量和未来需求对冲，对冲后机位能承载需求的总量占比划分出不同的机位资源状态，具体如下：

- 危险线（状态）
- 生存线（状态）
- 温饱线（状态）

- 小康线（状态）
- 富裕线（状态）

以 Campus（园区）为例，若该 Campus 空闲可用（好料或差料）的机位总量（X），依据该 Campus 未来 15 个月的业务资源需求总量（Y），那么机位资源状态是以两者的比例值（R）来划分的。即 R = X / Y * 100%。

依据 R 值，我们可量化出机位资源状态，参见表 4.6。

表 4.6　机位容量资源状态划分

机位容量资源状态	R 值	状态说明
富裕线	R > 80%	机位容量过多，存在一定的浪费
小康线	40% < R <= 80%	机位容量充足，有足够的预留空间
温饱线	20% < R <= 40%	机位容量合理、健康，运营安全
生存线	5% < R <= 20%	机位容量偏紧，需密切监测
危险线	R <= 5%	机位容量预警

相对而言，机位容量在温饱线以上的资源运营是安全与健康，在生存线以下则机位面临断供的危险，需要加快 IDC 机房建设。

4.4.3　服务器网络带宽 / 专线流量

精细化海量资源的运营，离不开对服务器网络服务能力与通信质量的精细量化。对于 IDC 资源运营而言，企业需要量化定义单服务器的网络服务能力与网络通信质量。

1. 网络服务能力

网络服务能力给出各 IDC 机房内，各运营服务器之间进行网络传输时最低可以达到的保证流量传输能力，也称"东西"向传输服务能力 SLA（服务等级保证）。可以依据不同的网络架构，定义网络服务 SLA，参见表 4.7。

表 4.7　企业网络服务能力定义示例

区间	服务能力 1.0 流量	服务能力 2.0 流量	服务能力 3.0 流量	服务能力 3.0 流量（万兆）	现状平均	现状峰值
模块内	500M	500M	500M	3 500M	40M	>500M 占 2%
园区内	6.75M	30M	60M	120M	35M	88M

（续）

区间	服务能力 1.0 流量	服务能力 2.0 流量	服务能力 3.0 流量	服务能力 3.0 流量（万兆）	现状平均	现状峰值
城市内	2.25M	15M	36M	80M	25M	39.21M
大区内	90K	600K	4M	10M	1.44M	4.38M
大区间	90K	600K	4M	10M	2.4M	4.82M
公网		15M	20M	40M	10.6M	>30% 占 6%

举例而言，同一园区不同模块间千兆网络在 SLA3.0 之下，两台服务器之间可以达到 30Mbps。

2. 网络通信质量

除能力之外，也有网络通信质量的承诺，及通讯质量 SLA。其中 Zone（城市）内，我们称为 MAN 传输，Zone 间以上，我们称之为 DCI 传输。网络通讯质量 SLA 主要从时延、丢包率与可用率三个指标上进行定义，参见表 4.8。

表 4.8　网络通信质量承诺

通信类型		时延参考值	可用阀值（丢包库）	可用率不低于
模块（Modula）内通信		2ms	<1%	99.95%
园区（Canoys）内通信		3ms	<1%	99.95%
集群（Zone）内通信		10ms	<2%	99.5%
区域（Region）通信	区域（Region）内通信	30ms	<2%	99.5%（全）99.0%（银）
	区域（Region）间国内通信	100ns	<2%	99.5%（全）99.0%（银）
	区域（Region）间国际通信	250ns	<2%	99.5%（全）99.0%（银）
	大带宽 VPN	不提供参考值	<3%	99.0%（铜）
互联网出口		不提供参考值	<3%	99.0%

4.4.4　机房裁撤

机房裁撤是指 IDC 机房整体退出运营环境。如前所述，IDC 机房建机后也有使用寿命、网络架构能力及运营效率的考量。在 IDC 机房运营上，腾讯同样定义了 IDC 机房裁撤启动或准入的评估标准，参见表 4.9。

表 4.9 IDC 机房裁撤准入评估标准

评估项类别	评估项	评估标准
运营基础数据	IDC 基础设施的运营时长	IDC 基础设施运营时间达到 8 ～ 10 年后，整体的安全系统会下降
	IDC 网络架构运营时长	超过 3 年并且与当前主流网络架构间服务能力偏差较大；如 V3.5、V3.0，V2.0 架构
	在线服务器运营时长	模块内服务器上架运营时间超过 60 个月的数量占比达到该模块总设备量的 80% 以上
业务发展及资源规划	IDC 规模及扩展性	园区规模较小（小于 2 万），并且后续能提供的机架、机架电力、网络带宽或 IP 等不具备扩展性
	IDC 规划定位	裁撤目标范围对未来三年中长期规划是否会产生策略性或战略性的影响
	业务发展特性	裁撤目标范围是通用 IDC 资源还是特殊业务的专项资源，是否具备迁移置换性
	商务合同及战略	裁撤目标范围是通用 IDC 资源还是特殊业务的专项资源裁撤目标范围是否会对公司及商务策略及采购战略性上产生影响

企业基于上述评估标准，兼顾运营主要矛盾进行 IDC 机房裁撤项目的运营，并借此机会同步推进业务优化、改造或升级。图 4.6 显示 2014 年至 2017 年某企业 IDC 机房裁撤侧重考虑的评估因素。

年度侧重	运营基础数据			业务发展及资源规划			
	IDC 基础设施运营时长	IDC 网络架构运营时长	在线服务器运营时长	IDC 规模及扩展性	IDC 规划定位	业务发展特性	商务合同及战略
14 年		●					●
15 年	●	●		●	●		
16 年	●	●	●	●		●	
17 年	●	●	●	●	●	●	●

图 4.6 某企业 2014 ～ 2017 年 IDC 机房裁撤评估因素

从图中可以看出，随着企业 IDC 机房的规模与数量逐年增加，多重因素下裁撤 IDC 机房数量也会显著增加。

4.5 资源服务

资源管理团队对外提供的资源服务主要有以下几类：资源申领、服务器退回、服务器置换、故障替换、服务器搬迁、IDC 升级、服务器硬件升级，下面分别介绍。

1. 资源申领

各 BG 业务运营人员可以根据需求，在预算范围内向资源管理团队发起资源申领服务。资源管理团队提供的资源申领服务有四种供应模式：

- **预约申领**。指在资源微观规划的指导下，资源管理中心根据 BG 服务器申请需求，按照服务 SLA 协议，将服务器交付至 BG 需求部门的活动。
- **在线申领**。应因 BG 可能或潜在的紧急业务需求，依据 BG 与资源管理团队达成的共识，由资源团队提前适量备货。在紧急突发情况下，提供标准的 OS 及带内网 IP 交付给 BG 服务器的活动。
- **短租**。某些业务场景如促销，BG 业务侧有 30 个自然日内的临时需求，资源管理团队提供以天为核算单位的服务器交付服务。首次租期最长不得超过 30 个自然日，到期后允许再次续租 30 个自然日，续租到期后必须原固资号退回服务器，否则运管将进行强制退回
- **直供**。服务器直供指通过业务资源模型或信息流计算业务的后续需求，利用 BG 与资源管理中心系统对接，在 BG 零库存下，及时生产，实现业务"要"就"给"的资源供应方式。这是一种创新的、更智能的资源供应模式。

四类资源申领供应的模式，其各自的使用条件及 SLA、服务成本等列表说明如表 4.10 所示。

表 4.10　资源申领供应模式对比

对比项	预约申领	在线申领	短租	直供
使用前置条件	1）符合资源微观规划； 2）有预算	1）符合资源微观规划； 2）有当月预算	1）有预算； 2）以资源池空闲服务器为基础，发生采购时仅采购通用机型；	1）成熟的平台型业务； 2）有业务资源模型； 3）有预算。
服务 SLA	国内常规：17 个工作日 境外、OC：45 个工作日	1 个工作日	资源管理团队与 BG 需求双方协商的时间交付	1 个工作日
服务成本	58 元 / 台 . 次	58 元 / 台 . 次	58 元 / 台 . 次	58 元 / 台 . 次

（续）

对比项	预约申领	在线申领	短租	直供
其他			1. 专用设备不提供短租； 2. 首次租期最长不得超过 30 个自然日，到期后允许再次续租 30 个自然日，续租到期后必须原固资号退回服务器，否则资源管理团队将强制退回	

资源申领供应模式中，直供模式是未来主要探索优化的供应模式。期待通过业务资源模型精准化、需求滚动智能化、大数据分析等，帮助实现分钟级交付、零库存运营的理想资源运营目标。

2. 服务器退回

为实现对各 BG 闲置或退役服务器的统一管理和公司级项目涉及服务器的调度，资源管理团队面向公司各 BG 提供服务器退回服务。服务器退回服务指的是各 BG 将自己名下的服务器资源退回到资源团队管理的公司资源池的活动。

服务器退回服务仅支持实体服务器资源的退回。按照资源退回意愿的不同，服务器退回服务分为两类：

- **主动退回**：指由 BG 主动发起的空闲服务器退回，又分为常规退回和项目退回两种。
- **被动退回**：指由运营管理部主导项目触发，需要 BG 配合的服务器退回。

两类服务器退回的服务策略及预算返还原则对比如表 4.11 所示。

表 4.11　服务器退回处置原则

服务器退回类别	退回描述及操作	预算返还	核算处置
主动退回	BG 主动退回其闲置的服务器资源	1）非直供退回设备：原则不返回预算，特殊情况以项目启动前 BG 和运营管理部对齐数量为准，特殊情况主要指：节假日保障类需求、互娱冲在线需求、微信营销需求等 2）直供退回设备：当年直供退回设备，可通过预约和在线在当年再分配时，返回预算；跨年再分配时，不返回预算 3）其他类型不返预算	一旦资源团队接受退回，则不再给 BG 核算成本

（续）

服务器退回类别	退回描述及操作	预算返还	核算处置
被动退回	• 机房裁撤退回 • 迁移置换退回 • 流量调整置换退回 • BOX（指 2u4 的四子星或 1u2 的双子星）服务器归整退回 • 过保故障退回	与项目进行前沟通的清单一致，接受退回。 　原则不返回预算，特殊情况以项目启动前 BG 和运管对齐为准	一旦资源团队接受退回，则不再给 BG 核算成本

服务器退回操作需要谨慎进行，防止业务部门侧以退回服务"返还预算"，或者"以旧换新"导致采购现金流不可控。

3. 服务器置换

服务器置换服务指的是，企业或业务部门出于节省成本、盘活资源的目的，资源管理团队提供企业资源库存（企业资源池）设备，与 BG 同等配置的服务器设备进行交换。

置换服务是基于企业资源池设备，原则上不应通过采购设备来满足。置换原则是同等配置，服务器上架年限（即服务器使用年限）相差不超过一年。因此，置换服务不受预算限制。

置换服务因需求或目的不同可分为以下几种情形：

- **搬迁置换**：指 BG 业务为节省搬迁成本及缩短交付时间为目的，所触发的置换需求。
- **网络流量优化置换**：指资源管理团队或网络管理团队出于减少网络拥堵的目的，提供设备与 BG 置换，以优化业务部署及疏导网络拥塞。
- **BOX**（2u4 的四子星或 1u2 的双子星）**服务器设备规整**：指业务因 BOX 服务器下非整机占用而无法进行搬迁，或资源管理团队发起 BOX 服务器规整盘活项目而触发的置换。

资源管理团队为服务器置换服务规定了 SLA（服务等级保证），例如，紧急置换是 1 个工作日，常规置换是 3 个工作日。同样服务器置换服务按照价格标准（如58 元 / 台次）收取服务费用。

4. 故障替换

故障替换服务是指资源管理团队对 BG 名下经专业服务器技术团队确认的、不可维修的过保故障服务器提供同等配置的设备替换服务。BG 通过"服务器退回"操作该过保故障服务器，获得可替换额度，然后凭额度申请需求服务器。

故障替换服务遵循以下原则：

- 替换服务器类型不必与故障服务器类型一一对应。
- 申领额度不允许超过可替换额度。
- 服务器类型、数量及区域分布受资源微观规划控制。

故障替换服务的 SLA 为：BG 运营人员每月 1 ～ 5 日为故障替换需求提单窗口期，替换服务器将在当月月底前交付至 BG，提单延迟则交付顺延。

5. 服务器搬迁

服务器搬迁服务是指基于 BG 业务运营或者资源管理调度的需要，将服务器从一个物理地点搬迁到另一物理地点。

服务器搬迁过程中将完成一系列的资源审核、机位匹配、系统调整、资产调度、部署检查等动作。服务器搬迁服务有两种类型：

- **运营中服务器搬迁**：多为 BG 业务侧发起，涉及业务调度、关停与启用，往往有时间窗口或时限要求。
- **纯物理搬迁**：多为资源管理团队发起，不涉及业务关停与调度。

服务器搬迁服务，特别是运营中服务器搬迁，过程复杂，需要遵循以下原则：

1）服务器搬迁必须符合资源微观规划，所有搬迁须通过资源经理审核。

2）待裁撤及裁撤中机房原则上不允许设备迁入和迁出。

3）万兆服务器原则上不允许搬迁（如有特殊需求，先通过置换满足，若无法满足，则搬迁需运营经理与资源经理共同审批）。

4）境外服务器原则上不允许进行跨 Campus 搬迁（中国香港及加拿大除外，其中中国香港允许同 Zone 搬迁，加拿大同 Zone 搬迁单次数量需达到 30 台以上）。

5）自研与云机房之间的设备原则上不允许互搬。（基架、架平、安全、网平、管控等支撑类设备的搬迁需求须由运营经理与资源经理共同审核）。

6）定制化设备的搬迁需进行运营经理与资源经理共同评估。

7）非所属业务专区的其他业务设备不允许迁入该专区（如"58 同城"业务的机房只能进"58 同城"设备，特殊情况需 BG，运营经理与资源经理共同审核）。

8）迁入设备的生命周期需同机房的生命周期相匹配，即过保设备原则上不允许迁入新机房，在保设备原则上不允许迁入旧机房（新机房：Module 启用在 36 个月之内）。

服务器搬迁服务的 SLA 主要涉及运营中服务器搬迁类别，其 SLA 依据搬迁区域不同而不同，详见表 4.12。

表 4.12　运营中服务器搬迁服务 SLA 示例

搬迁需求类别	搬迁区域	搬迁及时率	搬迁数量	服务标准（工作日）		计算方法
			（BOX/ 单）	优先级（普通）	优先级（紧急）	
运营中服务器搬迁	同园区	99%	≤ 30	4	3	搬迁及时率 = 在规定时间内搬迁的数量 / 需搬迁的总数
			31 ～ 100	5	4	
			>100	6	/	
	同城区		≤ 30	6	4	
			31 ～ 100	7	6	
			>100	9	8	
	同大区		≤ 30	7	6	
			31 ～ 100	8	7	
			>100	10	9	
	跨大区		≤ 30	8	7	
			31 ～ 100	9	8	
			>100	11	10	

同样，服务器搬迁服务需要进行成本核算，其服务费用由"作业服务费用"和"物流成本"两部分构成，详见表 4.13。

表 4.13　服务器搬迁服务费用示例

序号	搬迁类型	计算逻辑	服务费（元 / 台次）
1	同 IDC 普通搬迁	作业服务（基准）	58+80 = 138 元
2	同 IDC 紧急搬迁	3× 作业服务	3 × 138 = 414
3	跨 IDC 普通搬迁	作业服务 + 物流成本	138+160 = 298
4	跨 IDC 紧急搬迁	3× 作业服务 +2× 物流成本	3 × 138 + 2 × 160 = 734

6. IDC 升级

IDC 升级服务是指由于该 IDC 机房机位容量不足、机位利用率过低、网络架构版本过低、业务专区需要等触发的 IDC 改造升级服务。多见于自建 IDC 机房，一般按项目推进，此处不展开。

7. 硬件升级

服务器硬件升级服务比较容易理解，多见于 BG 业务迭代升级后，承载该业务的服务器主要部件如 CPU、内存或硬件等性能不均衡不匹配，某类主要部件的瓶颈限制特别明显，资源管理团队评估后，提供硬件升级操作。

由于服务器硬件升级易导致服务器配置偏离服务器的标准化版本，资源通用性大大降低，增加管理成本及资源调度重用难度。除非经评估使用硬件升级服务估带来的收益巨大，否则该服务一般是严格限制的。

4.6 本章小结

本章我们阐述了资源供应管理的内容，涉及四个工作模块：资源微观规划、服务器资源管理、IDC 机房资源管理、资源服务模块，以及如何实现海量资源的规划配置、采购供应、资源服务等高效运作，实现最低的成本、最快的效率、最好质量的资源供应，从而有效保障业务发展、提升资源运营效率。

预 核 算

凡事预则立，不预则废。

——《礼记·中庸》

无论是从成本控制的角度，还是生产保障，又或是技术运营，互联网公司的重要生产资料：设备、带宽与专线等这些资源，必须要有预核算管控。

本章阐述海量资源的预核算管理，涉及科学有效的预算编制实现、成本核算管理以及作为技术运营分析的源数据，介绍如何优化预核算，以及应用案例。

5.1 运营成本概述

在阐述预核算管理之前，我们先来介绍运营成本的概念。

互联网企业的成本主要包括三大块：营销成本、人力成本及运营成本。其中，运营成本是指互联网业务或产品直接消耗的资源成本。技术运营的水平与效率将直接影响运营成本。

本章阐述的预核算是对运营成本的管理与把控。运营成本的预核算需要阐明资源类别与定价、产品规范。

5.1.1 资源类别与定价

预核算的对象主要是资源，纳入预算核管理的资源包括以下几大类：

- 设备：包括服务器、网络设备、防火墙等。
- 带宽：指服务用户的公网出口带宽。
- 专线：用数据传输或业务服务的电路专线。
- 其他：包括外租服务，软件及 AI 物料等。

每一大类资源，都需要制定标准类别与规范定价。

1. 设备（主要是服务器）

服务器类型及版本标准，依据服务器主要技术架构分层及资源消耗特点定制，由硬件委员会定期按需审定发布。如 B 类、TS 类、Z 类、G 类等机型，参见图 5.1。

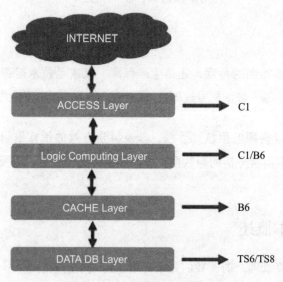

图 5.1　服务器类型及主要用途

服务器设备一般按 48 个月进行资产折旧，其运营成本定价按类型、按版本、分区域进行定价，如图 5.2 所示：

2. 带宽

带宽是指互联网出口带宽，分为三类：IDC 带宽、CDN 带宽、CAP 带宽（高级 CAP、普通 CAP）。

设备价格单位:元/服务器/月								
设备类型	国内版本	海外版本	深圳	上海	天津	香港	加拿大多伦多	配置
B6	0.0.0	0.0.0		1111				2个6核CPU(E5-2620v3), 64G内存, Raid, 2*300G SAS, 2*1G网口
B7	5.2.0			2222		-	-	2个12核CPU(E5-2670v3), 128G内存, Raid, 2*300G SAS, 2*1G网口（电口）
B70	0.0.0	0.0.0		3333				2个14核CPU(E5-2680v4), 128G内存, Raid, 2*300G SAS, 2*10G网口
B70-40G	0.0.0	0.0.0		4444				2个14核CPU(E5-2680v4), 128G内存, Raid, 2*300G SAS, 2*40G网口
C1	0.0.0	0.0.0		777				1个4核CPU, 16G内存, 1*1T SATA
C1g	5.12.0			888				1个4核CPU(E3-1285v4), 16G内存, 1*2T SATA, 2*1G网口

图 5.2　设备运营或本定价示例

从互联网网络架构来看，出口越靠近骨干网核心节点（如北京、上海、深圳、广州等），网络带宽质量越好，可靠性与稳定性越高，这类互联网出口带宽我们称之为 IDC 带宽；反之，离骨干网核心节点越远（二线城市以下城市如南昌、贵阳、合肥、长沙等），位于互联网网络边缘（外围）节点的出口带宽，我们称之为 CDN 带宽。一般 IDC 带宽资费较 CDN 带宽资费贵 2 至 3 倍。CDN 带宽往往依据传输的流量类型不同，又分为：流媒体、下载、图片、UGC 等类别，定价也各有不同。

因此，带宽运营成本的定价会依据带宽类别、使用区域及用途等进行，示例如图 5.3 所示。

IDC价格				CDN价格		
区域	城市	IDC带宽租金(元/M/月)		区域	带宽类型	CDN带宽租金(元/M/月)
华北	天津	55			ugc加速	33
	北京	66			下载类	22
	济南	44			互动直播	28
华东	上海				动态加速	
	杭州				图片类	
	南京				大游戏下载	
	深圳			国内	流媒体	

图 5.3　带宽运营成本定价示例

而规模网络之间的对等互连带宽，属 BGP 带宽，在腾讯称之为 CAP 带宽。腾讯与大型运营商如中国电信、中国移动、中国联通互联的 CAP 带宽，为高级 CAP，价格较昂贵。而腾讯与其他多个中小运营商对等互联 CAP 带宽，则为普通 CAP。与其他中小运营商网络对等互联是互惠互利，主要为中小运营商网内的用户解决访问体验问题，因此普通 CAP 带宽是合作带宽，一般是免费的。

3. 专线

专线分为三类：DCI、MAN 与 ECN。DCI 专线是跨城专线，一般用于两个 Zone（城市）之间的 IDC 机房连接与数据传输，也是我们常说的广域网专线。DCI 专线的建设要求是双专线、双路由（专线电路经过不同管道，一般还要求不同运营商）。DCI 专线按服务等级又分为金牌流量、银牌流量、铜牌流量等三种类型，参见表 5.1。

表 5.1 DCI 专线服务等级定义

服务等级	特点及保障说明	适用场景
金牌	高优先保障，在专线中断或网络设备部分故障情况下，以备份专线承载，保障通信高可用及时延要求。丢包率 <1%，可用率 >99.9%	承载关键的 / 需要保持高通信可用性的核心业务，如支付、账号登录等
银牌	优先保障，在专线中断或网络设备部分故障、过载情况下，以绕行专线承载，保障通信高可用及时延要求。丢包率 <2%，可用率 >99.5%	承载可接受短时间通信质量变差的重要业务，如安全检查、重要数据同步等
铜牌	尽力保障，在专线中断或网络设备部分故障，尽力传输。过载情况下若架构允许切外网专输，否则过载部分临时丢弃。丢包率 <3%，可用率 >99.0%	承载对成本敏感，但对通信质量要求相对较低的业务。如：日志收集、备份同步等

MAN 专线即传统意义上的城域网专线，一般是 Zone 内的 IDC 机房之间互连与数据传输专线，分为 Campus 内（用于连接园区内不同模块之间的数据专线）与 Campus 间（用于连接 Zone 同不同 Campus 之间的数据专线）两种类型。

ECN 专线是用于与第三方业务互连的专线，如银行数据接口专线。

专线资源运营成本会依据专线类型、使用区域及服务级别进行定价，示例如图 5.4 所示。

4. 其他

其他类的资源包括公共支撑的服务，如数据服务、外租服务、软件、AI 物料等。这部分资源运营成本定价依赖采购成本及消耗资源量等定期厘定，示例如图 5.5 所示。

专线类型	区域	服务级别	专线价格 (元/M/月)
DCI专线	国内	金牌	44
		银牌	22
		铜牌	11
	国际	金牌	
		银牌	
		铜牌	
MAN专线	Campus间		
	Campus内		

图 5.4　专线运营成本定价示例

部门	平台	资源类型	资源规格	平台服务价格
数据平台部	数平-数据服务	存储单元(元/个/月)		555
		计算单元(元/个/月)		666
	数平-推荐分析服务	广点通请求量(元/百万/月)		11

图 5.5　其他资源运营成本定价示例

5.1.2　产品规范

资源是用于承载业务的，产品运营效率的衡量也是基于业务的，运营成本用途也需要依据资源量按业务归类，脱离业务的运营成本就失去意义，因此运营成本预核算需要按业务设立产品规范。

从业务维度，产品集、规划产品、运营产品、甚至模块。这样产品规范可以确保我们预核算管理控制的颗粒度，如图 5.6 所示。

别外，从 BG 的角度，还有业务与资源的归属问题，即 BG、部门，这实际涉及产品与组织架构的映射规范，如图 5.7 所示。

产品ID	产品名称	业务部门名称	运维部门名称	虚拟部门	产品集	规划产品名称	运营产品负责人	运营产品关注人
3	08个人网盘 .	邮箱产品部	邮箱产品部	邮箱产品部	QQ邮箱	QQ邮箱		
4	手机腾讯网	无线业务系统	无线业务系统	无线业务系统	其他产品集合	浏览器		
5	AppleJuice	互动娱乐事业部	互动娱乐事业部	互动娱乐事业部	互娱游戏	客户端游戏		
6	AVA	互动娱乐事业部	互动娱乐事业部	互动娱乐事业部	互娱游戏	客户端游戏		
7	B3-公共服务	互动娱乐事业部	互动娱乐事业部	互动娱乐事业部	互娱游戏	互娱运营支撑产品		
8	B3-官网与营销	互动娱乐事业部	互动娱乐事业部	互动娱乐事业部	互娱游戏	互娱平台产品		
9	Battery	互动娱乐事业部	互动娱乐事业部	互动娱乐事业部	互娱游戏	停运产品集		

图 5.6　产品规范定义示例

预算产品ID	事业群	业务部门	虚拟部门	规划产品
10	CDG企业发展事业群	国际业务部	国际业务部	JOOX
135	CDG企业发展事业群	国际业务部	国际业务部	公共平台及其他业务
136	CDG企业发展事业群	国际业务部	国际业务部	VOOV
139	CDG企业发展事业群	国际业务部	国际业务部	WeChat
25	CDG企业发展事业群	在线支付部	在线支付部	FiT业务产品

图 5.7　资源归属定义示例

5.1.3　运营成本的构成

确定产品规范、资源类别与定价后，运营成本的构成也就可以明确定义了。例如，腾讯公司运营成本由四大部分组成（如图 5.8 所示）。另外从会计管理角度，对每类资源运营成本还会设立一些科目，如带宽运营成本的科目有：业务自身、存储平台、CDN 平台等。

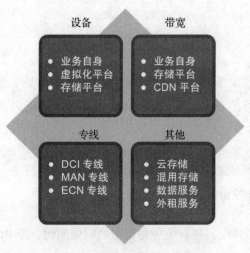

图 5.8　运营成本构成示意

运营成本管理的全过程包括预算编制，预算执行控制、预算滚动、核算、预核算分析管理共五个部分。

腾讯实施由运营管理部对运营成本预核算实行统一计划、分级管理的体制。统一计划是指公司的年度预算目标实行集中统一的管理原则。分级管理是指各项预算指标由公司统一向各业务和平台部门分解、下达，已经下达的预算指标由各系统和部门负责落实。

5.2   预算管理

一般预算管理从预算编制开始，预算的编制必须严谨，从启动到完成编制、汇报评审，耗时前后 2 个月时间。

5.2.1   预算相关基本概念

预算是企业各项经营活动计划的数量化表示，是企业未来某一特定期间（一般为一年）的全部生产、经营活动的计划。

本书讨论的是技术运营及运营预算，因此，对于互联网公司而言，运营预算是公司预算体系的组成部分，是公司运营所使用的各类资源和成本的需求计划。

有预算就要进行预算管理。传统的预算管理是指企业在战略目标的指导下，对未来的经营活动和相应财务结果进行充分、全面的预测和筹划，并通过对执行过程的监控，将实际完成情况与预算目标不断对照和分析，从而及时指导经营活动的改善和调整，以帮助管理者更加有效地管理企业和最大程度地实现战略目标。

与传统企业基于生产和销售的作业预算，及基于客户对产品的需求、市场竞争状况的资源成本预算不同，互联网行业预算管理因产品变化更加快速，资源配置灵活度更高，资源需求爆发或衰退的更加迅速，因而对资源需求的控制力要求更高。

腾讯运营预算管理是公司预算体系的重要组成部分，包含公司运营所使用的的各类资源和成本的预算管理。预算管理一方面要做到计划、沟通与协调，另一方面能够起到激励、约束与控制作用，从而不断提升公司对运营资源的管理水平，强化预核算的管理职能，促进业务需求满足与运营资源投入的平衡发展。

腾讯运营预算管理遵循以下三个原则：

- **统一计划与分级管理相结合**。统一计划是指公司的年度预算目标由专设的预算管理部门实行集中统一管理；分级管理是指各项预算指标向各业务 BG 及部门分解、下达，已经下达的预算指标由各系统和部门负责落实。
- **预算管理与资源管理相统一**。负责资源管理的运营责任人，需负责该类资源预算的编制和执行。
- **权责明确，分级实施**。对预算编制和控制进行分级管理与实施，有效缩短预算执行的管理流程；对预算执行的过程实施严格管理，并对预算结果进行考核；同时按预算管理流程进行授权和行权，以体现权责明确，减少管理成本。

运营预算在实际执行过程中，从管理与应用的不同角度，有不同的类别。按预算编制和调整的时间，可以将预算分为年度预算、年度修订预算、年度转移预算和滚动预算：

- **年度预算**：每年 9 ~ 11 月份，在公司统一安排下，各部门制定未来一年的发展计划，编制年度预算，申请相应运营预算资源和成本。年度预算的周期包括上一年未执行月份以及本年度 12 个月。
- **年度修订预算**：每年年初，根据上一年最终实际执行情况，对按增量预算编制的资源类型，重新修订当年预算数据（对按总量预算编制的资源类型不作调整），称为年度修订预算。预算周期为本年度 12 个月。
- **年度转移预算**：在年度修订预算不变的基础上，加上各种预算转移，称为年度转移预算。具体包括三种转移：设备存量转移、设备增量转移、其他总量转移。预算转移不会导致公司整体运营成本和现金流发生变动。预算周期为本年度 12 个月。
- **滚动预算**：以年度转移预算为基准，产品预估本年度后续发展情况，追加或调减运营资源预算，导致公司全年运营成本和现金流发生调整，称为滚动预算。滚动周期为本年度 12 个月。

按业务的管理层级，可以将运营预算分为业务预算和企业预算两类：

1）**业务预算**：各业务部门根据每月所需设备和带宽、专线和平台服务数量，向公司提出相应资源所需的运营成本预算。主要包括四大部分：

- 设备：各 BG 使用的服务器、网络交换机等设备。
- 带宽：特指互联网出口带宽。按机房性质区分，包括中央 IDC 带宽、CDN 带宽。
- 专线：按专线所跨区域区分，包括 DCI 专线、MAN 专线。
- 平台服务：以其他资源形式提供的服务，包括各业务部门和平台部门提供的服务，以及第三方公司提供的服务等。

2）**企业预算**：公司预算是以业务预算为基础编制的公司总体运营成本和现金流的预算。

5.2.2　预算管理组织体系

互联网公司运营预算管理涉及全公司各部门及团队，需要构建预算管理组织体系来协调推进、落实执行。一般企业预算管理组织体系分三层，以腾讯运营预算管理组织体系为例来说明，参见表 5.2。

表 5.2　运营预算管理组织体系

管理层级	组织／机构	预算管理职责
预算决策机构	总办	公司预算管理的最高机构，负责确定预算原则，审核、批准公司预算和业务预算
预算管理部门	财经线预算管理团队、运营管理部	财经线预算管理团队，是公司预算管理的总归口部门和责任单位，负责预算管理的日常事务 运营管理部是运营成本预算归口管理部门
预算执行部门	公司各 BG 和部门	运营预算管理的执行层，负责本部门预算编制、使用与控制

其中，运营管理部是运营成本预算归口管理部门，负责对运营成本预算的审核、编制和报批以及执行、控制和改进，定期向总办提交运营预算成本执行情况分析报告。运营管理部在运营预算管理上的职能包括：

1）根据公司预算管理决策层的要求，具体组织公司运营成本年度预算、滚动预算编制等日常事务。

2）监督公司各业务部门的预算执行情况。

3）定期向企业提交运营成本预算总体执行情况分析报告，反映各部门意见和建议。

4）负责审核预算指标调整或追加申请并提出处理意见。在年度预算前提条件发生重大变化时，提出公司年度预算调整方案。

5）根据公司业务流程和管理流程的变化提出运营成本预算流程调整及完善方案。

而运营预算执行部门，要将预算指标具体落实到实际运营和管理中，实现预算管理与其他基础管理的有机结合；负责提供预算管理所需的各种实绩的反馈，为预算管理职能部门进行预算编制、预算跟踪提供基础数据。

在各业务部门和部门内部，对运营预算执行的管理，根据实际情况，相关职能分工如表 5.3 所示。

表 5.3 运营预算执行角色与分工

预算执行岗	角色	职责
部门接口	预算申请流程的主负责人	负责发起部门内预算工作；组织部门内部评审会；收集并整理部门内各产品提交的预算文档；协调各产品的预算提交工作；对预算流程顺利完成负责
产品负责人	预算需求发起与使用责任人	在运营计划管理系统中，填写并提交所负责产品的年度和月度滚动预算计划；在预算评审前提交预算评审相关文档；参与预算评审会
运维总监	部门预算初审人	对预算计划进行部门内部审核，确认预算计划填写无误，符合部门发展需要，并对填写信息的完整性和准确性负责
部门经理	部门预算审核人	对预算成本进行部门内部审核，确认预算成本无误，符合部门发展需要，并对成本数据准确性负责
BG EVP	BG 预算审核人	对预算成本进行 BG 内部审核，确认预算成本无误，符合业务部门发展需要，并对成本数据准确性负责

注：表中各部门或岗位的职责仅指与本预算管理流程有关的职责，不包括该部门或岗位的其他职责。

5.2.3 预算管理流程

预算管理的流程包括预算编制、预算执行控制、预算滚动三个部分。下面分别介绍。

1. 预算编制

预算编制是指每年发起一次的、运营资源的年度预算计划制定工作。每年 8 月由运营管理部发起下一年的年度预算编制工作，各业务部门对应负责人按月填写本年度剩余月份以及下一年 12 个月的预算明细，然后由运营管理部汇总并上报总办；总办审核、批准，并确定最终的预算后，在运营预算管理系统正式生效。

通过预算编制，期望达成以下目标。

目标 1   计划沟通协调：

- 对 BG 业务资源的需求沟通，有助于科学开展 IDC 机房建设、设备采购等生产活动。
- 资源管理团队主导的 IDC 机房裁撤等活动影响 BG 的业务部署，沟通达成共识。
- 年度预算需要输出给资源团队，以实施资源微观规划。

目标 2   激励约束控制：

- 预算是公司财经管理团队对各部门成本考核的依据。
- 预算也是控制 BG 侧申领资源的依据。
- 年度预算需要输出公司成本计划。

预算编制的实现有自上而下式、自下而上式、上下结合式等组织形式。目前腾讯采用的是自下而上式，即首先由各 BG 部门提交各产品的预算，然后由运营管理部汇总，编制公司预算，再进行综合平衡，最终上报总办领导审批。

从操作流程看，预算编制要经过预算填报→预算评审→预算生效三个阶段：

- **预算填报**：即各部门按照运营管理部制定的预算表格在预算管理系统填写预算并提交。
- **预算评审**：即按一定的流程由相关部门和人员进行审批，一般包括 BG 部门内评审、运营管理部评审、各级领导评审等环节。
- **预算生效**：即将评审通过的预算作为初始预算，用于预算执行控制、预算分析等活动。

2. 预算执行控制

公司预算一经批准下达，即具有严肃性和刚性特征。因此，预算执行的原则是：各预算责任部门必须依据批准的预算执行，不得随意调整本部门的预算。

前面有提及运营预算管理按管理层级，分为公司预算与业务预算，因此，预算执行也分为企业预算执行、业务预算执行：

- **企业预算执行**。企业预算执行是指对公司整体设备采购，机架、带宽、专线租用，所需运营成本和现金流的执行控制。
- **业务预算执行**。业务预算执行是指各业务部门向公司租用服务器、带宽资源数量，以及使用 BG 和 TEG 平台服务等资源数量和成本的预算执行情况。

通过以下方法进行预算控制：

- **事前控制**：对设备申领进行预算事前控制。

  BG 业务部门提出资源需求之后，在提单系统进行预算检查，检查是否超出预算；若超出预算，则可采取不分配资源等措施，需待完成预算滚动后才能进行设备申领。
- **事后控制**：对带宽、专线、平台服务以及其他特殊资源需求，采用事后控制方式。

  BG 业务部门先直接使用资源，不进行预算检查，待成本核算时，再检查是否超出预算；若超出预算，则采取相应措施。

其中，系统通过以下逻辑进行设备申领控制：

1）通用部门按部门控制，平台部门（架构平台部、数据平台部）按规划产品控制。

2）按成本控制：按新增设备单月成本控制，不按设备数量控制，不按现金流控制。

3）按月份控制：预算可延后月份使用，不能提前月份使用（若需提前使用，则要进行预算滚动操作）。

4）按项目控制：各个项目的申领，不能超出该项目可用预算，不能使用其他项目可用预算，同时不能超出部门总的可用预算。

3. 预算滚动

预算滚动是指在预算执行时，由于客观环境的急剧变化或者组织结构调整等因素，使得原有预算失去客观性，各 BG 或部门根据预算管理规定提出预算调整需求，经预算管理和决策部门审批后，对预算目标进行的重新修订。预算本身是一件很严肃的事情，任何部门不经预算管理机构批准不得随意调整预算数据。

预算滚动条件。当有下列情况之一并且严重影响预算执行时，可按规定程序申请预算调整：

1）组织结构发生调整。

2）产品或产品内部分模块功能需要转移部门运维。

3）公司发展战略调整，运营发展、资源规划的策略性调整。

4）产品的客观环境发生重大变化，需要调整有关预算指标。

5）总办认为必须调整的其他事项。

预算滚动方式。

1）自下而上的预算调整。当外部环境与内部条件等客观因素导致产品全局性发生重大变化时，BG 可提出预算调整申请。

2）自上而下的预算调整。当公司发展战略调整，运营发展、资源规划、资源价格发生策略性调整时，预算管理部门根据管理需求对公司整体运营预算（包含 BG）进行的调整。

预算滚动类型。预算滚动主要有两种原因，一个是 BG 内部原因，即 BG 由于业务发展与预期发生了变化，导致需要对预算做出调整。另一个是 BG 外部原因。

BG 内部原因导致的 BG 预算滚动一般有三种类型：

- 预算追加：指 BG 因故（业务发展超预期、原预算编制不合理等）增加设备、带宽、专线、平台服务的某一项或多项的预算数额。
- 预算转移：指 BG 将设备、带宽、专线、平台服务等预算转移给其他 BG 或其他部门、其他产品。
- 预算调整：指 BG 在总预算不增加情况下，调整设备类型、数量，或者将设备申领时间提前。预算调整也包括 BG 调减预算数额。

BG 外部原因导致的 BG 预算滚动一般有以下两种类型：

- 年度修订预算。预算编制工作是每年 8 月份启动，11 月份结束。其中 BG

设备预算是以当年7月份的核算数据为基准编制而成。到第二年1月份预算时，实际执行情况已经产生了偏差，这时需要用12月份的核算数据作为基准重新统计BG预算。这个重新计算的预算称为年度修订预算。

- 资源价格调整。BG预算编制方法是由BG填写资源或平台服务需求量，由运营预算管理系统（以下简称OBS系统），根据资源价格、平台服务价格自动统计预算成本。当资源价格、平台服务价格发生调整时，需要相应调整BG预算，才能确保BG预算成本数据与核算一致口径。

预算滚动流程。对于BG内部原因发起的预算滚动需求，统一由TEG运营管理部（以下简称运管）运营经理按项目进行统筹管理，OBS系统完成预算滚动流程作为项目完成结果并作为项目结束的输出。对于BG外部原因导致的预算滚动需求，统一由运管分析组发起，OBS系统统计完成后，由运管分析组统一发布全员公告邮件作为项目完成结果并作为项目结束的输出。

5.3 核算管理

核算管理是技术运营的重要工作，对成本控制和经营决策有重要影响。同时核算的精度与时效，决定了技术运营的精细化程度。

5.3.1 核算的定义及类别

核算是企业各项经营活动或预算执行过程与结果的数量化表示。运营成本核算是指在一定的周期内，由预算管理部门统计各核算单元的运营资源和运营服务已经发生或已经完成的使用情况，并按规定的方法，对发生的运营成本和现金流进行核算和管理。

换句话说，运营成本核算就是将公司对外结算的各种运营资源及费用，按照BG和产品进行对内分摊。如图5.9所示。

核算管理包括公司层面对外结算的核算管理，也包括面向各BG和TEG平台的内部分摊的核算管理。

- 公司对外结算的核算管理。指公司整体的运营资源数据及该运营资源对外部实体结算的成本数据。

- BG 内部分摊的核算管理。业务内部分摊是指公司内部各产品运营资源使用量的数据、以及基于内部单价测算的运营成本分摊数据。

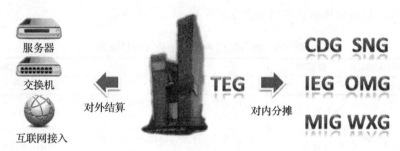

图 5.9　运营成本核算示意图

1. 企业对外结算的核算管理

企业对外结算主要包括设备核算、带宽核算、运营成本、现金流。每项的结算方法与数据源列表说明如表 5.4 所示。

表 5.4　公司对外结算说明

对外结算大类	结算项	结算依据	数据来源
设备核算	设备量	以实际采购量数据核算	主要是 CMDB 系统，以 CMDB 系统数据为基准统计
带宽核算	带宽量	以物理带宽量为标准，即实际付款量数据核算	财经数据与网管平台监控的流量数据
运营成本	设备折旧	服务器折旧以公司实际采购价格按 4 年折旧核算 网络设备成本以网络设备采购价格按 4 年折旧核算	财经数据
	机架租金	租用机房以商务合同实际结算租金核算；自建机房机架以机房建设成本按 4 年折旧核算	
	带宽租金	以商务合同实际付款金额核算	
	专线租金	以商务合同实际付款金额核算	
现金流	现金支出	公司纯粹对外花费支出的现金	

2. BG 内部分摊的核算管理

BG 内部分摊核算对象由四部分运营资源组成：设备、带宽、专线、其他资源。

每部分均包含资源使用量和运营成本。

（1）设备

分摊到业务部门的设备成本包括服务器折旧、机架租金有网络设备配本。业务部门内部设备分摊核算说明如表 5.5 所示。

表 5.5 业务部门内部设备分摊核算说明

对内分摊大类	核算项	分摊核算规则	数据来源
设备使用量	设备量	以实际使用量数据核算	CMDB 数据统计
设备成本	服务器折旧	以机型对应时期的采购单价按 48 个月分摊核算	财经数据
	机架租金	以服务器功耗乘以对应城市机架租金单价核算	CMDB 及财经数据
	网络设备成本	以设备所在城市对应时期的 IDC 网络设备折旧价格核算	财经数据

（2）带宽

带宽主要分为两类：IDC 带宽与 CDN 带宽，带宽量的采集方法与分摊核算的成本单价也不同。业务部门内部带宽分摊核算说明如表 5.6 所示。

表 5.6 业务部门内部带宽分摊核算说明

对内分摊大类	核算项	分摊核算规则	数据来源
带宽使用量	IDC 带宽量	采集每周五、周六 20:00-22:00 的实际使用量数据，以峰值均值，最后取当月采集数据的平均值核算	主要来自网管平台监控的出口流量数据
	CDN 带宽量	采集实际使用量数据，以日峰值均值，最后取当月每天采集数据的平均值核算	主要来自网管平台监控的出口流量数据
带宽成本	IDC 带宽	以带宽使用量乘以对应城市的带宽租金核算	网管平台监控的流量数据 & 财经数据
	CDN 带宽	以带宽使用量乘以对应带宽类型的带宽租金核算	网管平台监控的流量数据 & 财经数据

注：腾讯还有一类带宽为 CAP 带宽，是腾讯私有的、自建的 BGP 带宽类型，核算规则与 IDC 带宽类似，在此不展开。

（3）专线

如前所述，专线主要分为 DCI 专线与 MAN 专线两类。其中，DCI 专线按服务等级又分为金牌流量、银牌流量、铜牌流量等三种类型。MAN 专线分为园区内与园区间两种类型。

专线成本包括专线租金、网络设备折旧两部分。业务部门内部专线分摊核算说明如表 5.7 所示。

表 5.7　业务部门内部专线分摊核算说明

对内分摊大类	核算项	分摊核算规则	数据来源
专线使用量	专线流量	以实际使用量数据核算，采用双向流量进行源部门/源产品的数据统计（snmp 与 netflow）	来自网管平台监控的双向流量数据
专线成本	专线租金	以专线使用量乘以对应专线类型的租金单价计算	网管平台监控的流量数据 & 财经数据
	专线网络设备成本	根据专线类别、类型，取对应时期的专线网络设备折旧价格核算	财经数据

（4）其他资源

其他资源为设备、带宽、专线之外的资源，主要包括平台部门提供的服务资源，如内部云的 KV 存储 – 存储量、内部云 DB 存储 – 实例数、存储混用仓库 – 存储量、存储混用仓库 – 用户请求数、大数据服务 – 存储单元、大数据服务 – 计算单元、集中存储 – 存储量、外租服务 – 设备、外租服务 – 带宽等。服务资源单价定价来自于平台部门资源消耗成本及维护管理成本。

其他资源成本以资源使用量乘以对应资源服务单价核算。

5.3.2　核算管理案例

我们通过一些实例来说明核算管理如何实现。

1. 设备运营成本核算

设备运营成本的核算实际是设备折旧的计算，但设备折旧有不同的方法，这涉及两个概念：平均折旧法与加速折旧法。举例而言，若设备采购支出为 2 万元，采用 4 年平均折旧法与 "541" 3 年加速折旧方法，各成的运营成本核算如图 5.10 所示。

可见，加速折旧法进行设备成本核算，一般会提高初始折旧率，缩短折旧年限，这更符合设备性能提升规律。加速折旧的成本核算方法会增大新设备资源的申领使用压力。

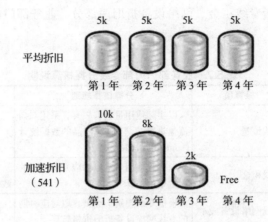

图 5.10 采用不同折旧方法的设备运营成本核算

另外，对于网络设备与机架机位而言，一般情况下都存在空闲。为提升设备资源的利用率，空闲成本也要进行分摊，这就引出设备运营成本核算有影响的另外两个概念：即在用成本与空闲成本。

如图 5.11 所示，10 个机架机位已使用了 8 个。若 10 个机架租金 10 万元 / 月，则在用成本 8 万元 / 月，空闲成本 2 万元 / 月。

图 5.11 机位的在用成本与空闲成本

这样，纳入空闲成本，可细化成本构成，促进资源利用水平提升，是成本预核算精细化的方向。

因此，设备运营成本的核算最终归结为三大项（五小项），如图 5.12 所示。

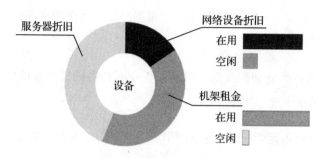

图 5.12　设备运营成本核算构成

各项设备运营成本核算实现简述如下：

（1）服务器折旧

以 CMDB（资源配置管理系统）的实际统计数据，按运营产品／业务部门，区分设备类型与版本，进行服务器折旧数量核定，其中过保服务器或已折旧完成的服务器将不再纳入计算服务器折旧成本。

单价厘定：按采购时间选择平均折旧的方式，根据区分机型和平均资产原值，确定当前核算周期的单价。

（2）网络设备折旧

以服务器折旧中，按运营产品／业务部门核定的服务器数量（包括过保服务器或已折旧完成服务器数量）来进行核算。核算在用和空闲，一般按照按照网络设备利用率（即服务器／网络端口）来计算。

单价厘定：按指定周期内网络设备采购总价，除以可用网络端口总数，确定当前核算周期的单价。

显然，该网络设备折旧是统一单价，既不区分端口接入服务器的新旧，也不区分接入服务器类型。为了降低理解的复杂性及简化核算，目前腾讯并没将网络设备折旧成本单列，而是并入服务器折旧单价中统一核算。

（3）机架租金

按要用机位数进行数量核定，按照机位利用率（服务器／开电机位），区分在用和空闲。

单价厘定：以 Zone（城市）为单位，根据机架总租金和区分机型的平均功耗，确定单价。

为了降低理解的复杂性及简化核算，企业不必将机架租金单列，而是考虑并入服务器折旧单价中统一核算。

综上，企业设备运营成本（包含网络设备及机架租金）的单价示例参见前面的图 5.2。

2. 带宽运营成本核算

带宽运营成本主要由两部分构成：IDC 带宽租金与 CDN 带宽租金，如图 5.13 所示。

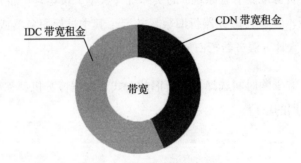

图 5.13　带宽成本主要构成

随着用户端带宽能力提升及资费下调，富媒体（图片、音频、长短视频、文件等）内容及质量的需求越来越大，使用服务器端带宽消耗也飞速增长。腾讯公司近几年来的服务器端带宽核算数量与成本增长，也证实了这个趋势数据表明，腾讯业务消耗的带宽数量近年来以 70% 的速度增长，带宽运营成本占运营成本总额的比例也从早期的不足 30% 增长到现在超过 50%。

（1）IDC 带宽租金

IDC 带宽数量的核算一般以网络 SNMP 监控采集到的 IDC 出口带宽流量为计算基础，按周统计出高峰期（晚 8 点至晚 10 点）的带宽值并计算均值作为核算值，如图 5.14 所示。

单价厘定：由于个别地区或境外结算价格偏高或偏低，因此按指定周期内按

Zone（城市）区分的带宽采购合同价格，确定当前核算周期该 Zone 的 IDC 单价。

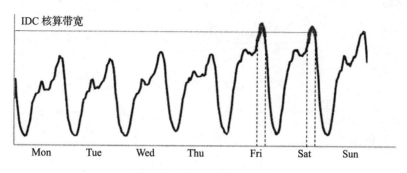

图 5.14　IDC 带宽数量核定

（2）CDN 带宽

CDN 带宽数量的核算，一般以网络 SNMP 监控采集到的 CDN 出口带宽流量为计算基础，按日统计出带宽峰值并计算月均值作为核算值，如图 5.15 所示。

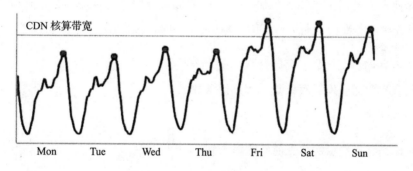

图 5.15　CDN 带宽数量核定

单价厘定：由于不同 CDN 节点的采购合同价格及结算方式费用不同，一般需要区分业务类型来厘定该业务类型的统一单价，如下载、图片、流媒体、动态加速等。

综上，带宽运营成本单价示例参见前面的图 5.3。

3. 专线运营成本核算

专线主要分为：DCI 专线与 MAN 专线，主因用于连接的网络区域与范围不同划分。腾讯 DCI 与 MAN 专线划分如图 5.16 所示。

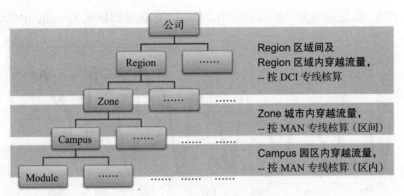

图 5.16　专线资源划分架构示意

专线资源运营成本会依据专线类型、使用区域及服务级别进行定价，专线运营成本示例参见前面的图 5.4。

4. 其他运营成本核算

企业平台部门为产品提供服务后，按照能反映服务特性的指标，将运营成本二次分摊给业务部门，而平台部门只承担二次分摊后的剩余成本。举例而言：

- 云存储：实例数、存储量。
- 存储混用仓库：存储量、用户请求数。
- 数据服务：计算量、存储量。

其他运营成本示例参见前面的图 5.5。

5.3.3　核算周期

核算周期往往视企业业务发展情况、财务需要以及核算体系发展变化情况而定，常见有日、周、月、季、年等核算周期。实际上，当前预核算系统均应支持任意时间的核算查询。

核算取数及定稿时间可按照财经工作的要求来拟定，如：

- 每月核算取数的截止时间为下月第一天 0:10 ～ 0:30。
- 业务部门内部核算初稿于下月第 5 个工作日发布，公司核算于下月第 15 个工作日左右发布，业务部门内部核算终稿为公司核算发布 1～2 个工作日后定稿。

5.4　预核算管理的优化

预核算管理要依据运营的实际情况，包括需求与资源类型与价格等变化，进行调整与精细优化，这涉及预核算的分析。同时，由于预核算管理非常复杂，涉及很多规范、计算规则，必须要有运营预核算系统来支持，这些精细调整与优化要通过运营预核算系统来迭代、实现。

5.4.1　预核算分析

预核算分析的目的是为企业领导、运营管理部门、业务部门提供预算、核算的相关信息，为运营管理决策提供依据。预核算分析工作主要包括以下 4 个方面：

- **预核算审计**。审查预核算管理系统中传递数据的真实性和完整性，防止弄虚作假和舞弊现象。
- **预核算分析**。对资源的使用进行合理性评估及资源数量、成本确认，确定预算执行结果和预算计划的差异，找到差异的原因，将差异的责任落实到部门和责任人，并进行解决。
- **预核算反馈**。也叫预核算报告，其主要功能是将预算执行情况准确、及时地反馈、报告给上级和有关部门，以保证上级对下级预算执行过程进行有效监控。主要以运营资源分析报告的形式，例行按月编制并发布，反映公司各产品的资源使用情况，对核心运营数据进行发布和解读；并根据公司战略会汇报及其他需求，完成季度报告、半年报告和年度报告。
- **预算考核和奖惩**。通过预算执行情况的考核，解决激励和约束问题。对预算执行结果考核，并与奖惩挂钩，有效地激励各级同事达成业务运营目标，优化用户体验，有效控制运营成本。

我们拿预核算分析来举例，若某产品的带宽预核算数据对比及走势如图 5.17 所示，则需要查明核算偏离的原因：是产品指标发展不及预期？还是技术运营优化所致？亦或是预算的资源推导模型不正确？

同时，如果连续多个月都不及预期或超出预期，相关业务技术运营人员需要做出预判，或滚动预算削减预算，或滚动追加预算。

图 5.17　某产品的预核算对比分析

5.4.2　腾讯运营预算管理系统

为支持腾讯公司的运营预核算管理，公司自主开发了运营预核算管理系统 OBS（以下简称 OBS—Operation Budget System 系统），以技术及系统来确保预算的控制及预核算信息的准确、及时反馈。

OBS 系统分为以下功能模块：
- 预算编制模块
- 预算滚动模块
- 核算管理模块
- 预算执行分析模块
- 系统设置模块

1. 预算编制模块

预算编制模块主要实现的功能是：
- 预算填报。为用户提供一个友好的预算填报交互界面，引导用户一步一步完成预算填报。在用户完成预算填报后，系统自动生成预算报表。
- 智能检查。系统能根据管理员设置的规则自动对 BG 填报的预算进行检查，列出可能的错误项，由用户自行决定是否修改。
需要提供检查规则的管理功能，包括规则的新增、修改、删除。
- 预算审批。提供预算审批工作流。审批环节、审批人可由管理员设置。

2. 预算滚动模块

预算滚动模块主要实现的功能是：

- 预算滚动填写。为用户提供一个友好的预算调整交互界面，引导用户完成预算滚动填写。

  提供文档上传功能，方便用户提交附件。

  用户完成预算滚动填写后，系统自动生成新旧预算对比等报表。

- 预算滚动审批。提供预算审批工作流，审批环节、审批人可由管理员设置。

- 预算滚动历史查询。可以查询预算滚动历史数据，例如 BG 全年累计设备追加量，等等。

3. 核算管理模块

核算管理模块需要实现的功能是：

- 核算数据查询。提供 BG 核算账单的各类查询（分部门、分产品、分资源类别等）、BG 核算明细查询、公司核算数据查询等查询功能。

- BG 核算数据智能检查。系统完成 BG 核算数据的计算后，系统根据管理员设置的规则自动对数据进行检查，列出可能的错误项，由运营管理部门相关人员进行人工判断。

  提供检查规则的管理功能，包括规则的新增、修改、删除。

- BG 核算数据发布工作流。提供核算数据发布审批工作流。审批环节、审批人可由管理员设置。

4. 预算执行分析模块

预算执行分析模块主要实现的功能是：

- 阈值管理：供管理员调整设备申领阈值。

- 预算执行查询：供用户查询设备申领、超支情况。

- 展示各类数据分析图表：如 BG 预核算对比、公司预核算管理等。

5. 系统设置模块

系统设置模块实现的功能是：

- 参数设置。部门、产品、预算科目等基础参数的设置。

- 规范设置。设备、带宽等各类资源基础规范设置。

- 权限管理。各种角色的权限设置。

5.4.3 运营成本优化思路

通过上面解析预核算管理的实现过程，总结了运营成本的构成及计算方法，从技术运营的角度，可考虑用以下几个方法来优化运营成本：

- **减少新设备申领**。设法盘活自身已有的设备存量，提高设备资源利用率。另外，也可以降低使用"加速折旧"方法对运营成本考核的影响。
- **使用旧设备**。旧设备不再核算折旧成本，终身享受折扣或免费，帮助盘活公司资源存量。
- **控制带宽总量增长**。通过技术架构调整或优化，减少带宽使用或者尽量少用 IDC 带宽，适当多用 CDN 带宽。
- **调整业务流量特性**。通过技术优化、产品或业务策略调整，使带宽流量削峰填谷，或者加大选择非周末、非忙时的带宽使用。
- **控制专线增长**。做好业务的技术架构，尽量提前规划、合理布局，减少流量穿越。

5.5 本章小结

本章讨论了运营成本预核算管理的实现，预核算管理的全过程包括预算编制、预算执行控制、预算滚动、核算、预核算分析管理，共五个部分。科学、严谨的预核算管理有助于把控运营成本，推动技术运营优化，衡量技术运营效果。

精细化技术运营

合抱之木，生于毫末；
九层之台，起于累土；
千里之行，始于足下。

——《老子》

精细化技术运营是一种思维，也是一个持之以恒的过程。本章先介绍如何获取代表运营效率的一些基础数据，然后介绍评估或衡量运营效率高低的手段与方法，以及精细化技术运营的方法论。

6.1 运营效率监控

运营效率监控是指日常技术运营时，必须掌握与获取的**资源运营基础数据**（包括服务器利用率、带宽使用监控、专线使用监控）与**业务运营数据**（包括请求调用量、用户数等）。通过对这些数据的分析与使用，帮助我们了解业务的运营健康状况，发现产品技术、体验及成本问题，指明优化方向及验证技术运营优化的效果，等等。

6.1.1 服务器利用率的监控与分析

服务器利用率的监控主要包括 CPU、内存、硬盘、网络的监控，由安装在每台服务器上的监控 agent 程序上报各相应的采集指标数到到网管平台进行汇总分析。

举例而言，我们可以通过 agent 程序按照采集算法，采集到 CPU 的利用率数据，如图 6.1 所示。

采集项	采集指标	说明	默认采集频率	采集算法
CPU	CPU 使用率（支持单核粒度）	CPU 处于非空闲态的百分比	60 秒	通过 /proc/stat 文件采集并计算 CPU 总使用率及单个核使用率。以 cpu0 为例，算法如下： 1. cst/proc/stet | grep 'cpu0' 得到 cpu0 的信息 2. epuTotel1=user+nice+system+idle+iowait+irq+softirq 3. cpuUsedl=user+nice+system+irq+softirq 4. sleep 15 秒 5. 再次 cat/proc/stat | grep 'cpa0' 得到 cpu 的信息 6. cpuTotel2=user+nice+system+idle+iowai+irq+softirq 7. cpuUsed2=user+nice+system+irq+softirq 8. 得到 cpu0 在 15 秒内的单核利用率：（cpuUsed2-cpuUsed1）*100/（cpuTotal2-cpuTotal1）相当于使用 top-d 15 命令，把 user、nice、system、irq、softirq 五项的使用率相加。 9. 每分钟会采集 4 次（每次是 15 秒内的 CPU 使用率），把使用最大的一次上报。
	CPU 负载	机器的 1/5/15 分钟平均负载值 *100。表示 1/5/15 分钟内运行队列中的平均进程数。如果大于 500（因为 agent 上报的值乘了 100），表示 CPU 负载过高。	60 秒	agent 读取 /proc/loedevg 得到机器的 1/5/15 分钟平均负载，再乘以 100。

图 6.1　服务器 CPU 利用率数据采集

同理，我们可以采集到内存使用率、硬盘使用率、IO 次数、内网流量、外网流量等服务器资源的基础运营数据，同时依据运营经验，设定指标得分，参见表 6.1。

表 6.1　服务器利用率采集指标及得分说明

采集指标	单位	得分说明	备注
CPU 利用率	%	见表 X：服务器 CPU 利用率数据采集	千兆设备以总 CPU 与 CPU0 的较大值作为考核指标；万兆设备用总 CPU 作为考核指标
CPU 负载	（数值）	见表 X：服务器 CPU 利用率数据采集	通过 /proc/loadavg 取得
内存使用量	GB	MemTotal – MemFree – (Cached + Buffers – Shmem)	通过 /proc/meminfo 取得
内存使用率	%	内存使用量 / 内存总容量 ×100%	
内网流量	Mbps	为内网网卡流量	
内网使用率	%	（外网流量 /（250|3 500））×100%	网络流量的满分量：千兆 250Mbps、万兆 3.5Gbps
外网流量	Mbps	为外网网卡流量	
外网使用率	%	（外网流量 /（250|3 500））×100%	网络流量的满分量：千兆 250Mbps、万兆 3.5Gbps
磁盘使用量	GB	为文件系统总使用量	
磁盘使用率	%	磁盘使用量 / 磁盘总容量 ×100%	
磁盘 BIO	KB/s	为 bi 与 bo 之和	
磁盘 IO	%	磁盘 BIO 值 / 满分值 ×100%	磁盘 IO 满分量：NVME SSD 1 000MB/S、普通 SSD 盘 100MB/S、非 SSD 10MB/S

服务器资源有物理实体机与虚拟机之分，虚拟机使用的好坏会影响实体机的利用率。服务器资源在业务技术架构中，也因技术分层的原因而不尽相同，会有服务器技术分类，参见表 6.2。另外，由于人工智能时代的到来（2017 年被称之为 AI 元年），用于机器学习的、高性能并行计算的 GPU 服务器越来越多，这种机型不仅价格昂贵，而且配置有特殊 GPU 卡，其利用率也需要重点纳入监控。

表 6.2 服务器技术分类

技术分类	规则	机型
DB	服务器上运行的进程被分类为"DB"	无
接入	有外网 IP 且外网流量 >1	无
检索	服务器上运行的进程被分类为"检索"	无
cache	服务器上运行的进程被分类为"cache" + 机型	B、M 类设备
离线计算	服务器上运行的进程被分类为"离线计算"	无
存储	其他 A、S、TS、Z 类设备	A、S、TS、Z 类设备
逻辑	其他	非 A、S、TS、Z 类设备

有了服务器资源的基础运营数据，我们就可以对服务器利用率进行考核分析。

对服务器利用率的考核，需要依据承载业务的不同，制定 CPU、内存、磁盘或磁盘 IO 的利用原则与判定标准算法，最终得出每一台服务器设备的利用率得分，再由利用率得分数据定义考核指标。例如，腾讯公司基于长期的运营经验，制定了如下考核指标：

- **达标**：依据承载业务的不同，基于 CPU 或内存或磁盘或磁盘 IO 的利用原则达不到判定标准得分的设备。
- **不达标**：同上原则达不到判定标准得分的设备。又可进一步标注：
  低负载：被判定为"不达标"的设备，即为低负载，又称"低利用率"。
  连续低负载：指连续不达标一定天数（如 60 天或 90 天）的设备
  空负载：指非 TS 类设备 cpu 小于等于 2 或 TS 类设备 CPU 小于等于 2 且磁盘使用量得分小于等于 5。
  连续空负载：指连续空负载一定天数（如 60 天或 90 天）的设备

服务器利用率不达标的判定依据见表 6.3。

表 6.3　服务器利用率不达标判定依据

技术分类	CPU 利用率	内存使用量	内网流量	外网流量	磁盘存储量	磁盘 IO
接入	<20%	<60%	<16%	<12%	—	—
Cache	<20%	<60%	<16%	—	—	—
DB	<20%	—	—	—	<40%	<40%
存储	<20%	—	<16%	—	<40%	<40%
检索	<20%	<60%	—	—	<40%	<40%
逻辑	<25%	—	<16%	—	—	—
离线计算	<40%	—	—	—	<40%	<40%

注：

1. 表中所列标准仅依据运营经验而设定，并不一定是最佳判定值。

2. GPU 服务器利用率考核更关注于 GPU 卡计算力，与普通服务器略有差别，但采集方法及判定标准与服务器类似，在此不展开。

有了服务器利用率数据，我们就可以展开各种维度的资源效率分析。比如，公司整体设备不达标率的走势，参见图 6.2。

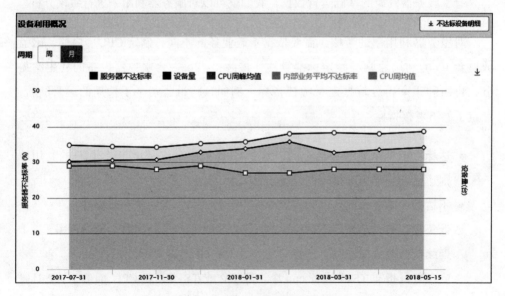

图 6.2　设备不达标率趋势分析

连续低负载、空负载设备的占比及走势，参见图 6.3。各技术分层的低利用率状况，如图 6.4 所示。各业务部门设备不达标率对比分析，如图 6.5 所示。

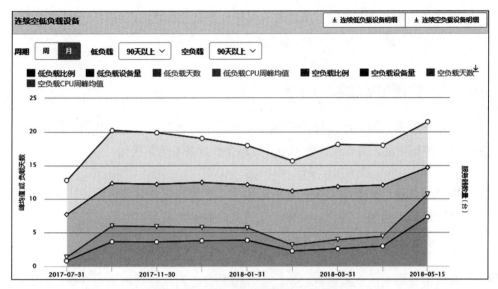

图 6.3   连续空低负载设备趋势分析

技术分类	设备量 ⇕	不达标率 ⇕	不达标设备量 ⇕	指标趋势图
汇总		38.7%		
逻辑	300,283	58.1%	174,561	
存储		25.6%		
接入		24.9%		
离线计算		12.9%		
Cache		19.9%		
DB		29.6%		
检索		3.2%		

图 6.4   设备分层低不达标分析

业务	不达标设备量 ▼	设备总量 ⇕	不达标率 ⇕	CPU周峰均值 ⇕	CPU周值 ⇕
▽IEG互动娱乐事业群			59.9%	13	6
▷			59.8%	13	6
▷渠道营销部			83.9%	13	2
▽TEG技术工程事业群			26.5%	28	17
▷架构平台部			22.9%	18	11
▷			42.5%	22	19
▷			52.2%	33	13
▷			32.8%	40	19
▷			12.8%	64	41
▷			36.1%	31	21
▷			67.4%	6	4
▷			76.9%	11	7
▷			46.3%	14	8

图 6.5   各业务部门设备不达标率分析

因此，服务器利用率数据是技术运营的重要参考指标，在运营效率水平考核、设备资源预算申请、技术架构评审优化时都会参考使用。

6.1.2　带宽使用的监控与分析

与设备资源不同，业务使用带宽、专线这类资源，无法通过利用率数据来控制申领、控制用量，需要通过使用结算数据来推进技术运营优化。

用户的行为、业务的变化、产品代码与技术架构的升级迭代等，往往都会立即在带宽流量上体现。因此，带宽流量的监控能够发现运营故障或问题、业务发展状况以及验证技术运营优化效果，等等。

带宽流量数据的获取既可以通过 SNMP 协议由网络设备的端口获取，也可以通过服务器的网卡数据来获取。两种获取带宽流量的方法，各有应用场景。其中通过网络设备端口以 SNMP 协议获取的流量数据效率较高，多用于总出口带宽分析、运营商或服务商计费对账、扩容建设等，缺点是较难区分业务。通过服务器网卡来获取带宽流量数据则更精细，易于聚类汇总业务带宽流量消耗，多用于业务分析、故障排查、运营成本分摊核算等，缺点是需要较大的数据上报存储及聚类计算资源。

1. 网络设备端口以 SNMP 获取带宽流量

在交换机或路由器上配置 SNMP 协议，使用 Nagios 或 Cacti 等开源软件就可以获取网络设备各端口的带宽流量数据，并绘制带宽流量图，如图 6.6 所示。

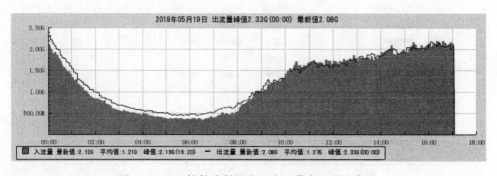

图 6.6　cacti 软件绘制的公网出口带宽流量示意图

2. 服务器 agent 监控上报网卡流量

可以通过服务器的监控 agent 来上报每块网卡的流量、包量。通过 /proc/net/dev 文件，可以计算出服务器的流量及包量，如图 6.7 所示。

```
$ cat /proc/net/dev
Inter-|   Receive                                                  |  Transmit
 face |bytes    packets errs drop fifo frame compressed multicast|bytes    packets errs drop fifo colls carrier compressed
  eth0:       0       0    0    0    0     0          0         0        0       0    0    0    0     0       0          0
  eth1:229861651649 576477427    0    0    0     0          0  615334 220316368177 518314155    0    0    0     0       0          0
    lo:43360901  665122    0    0    0     0          0         0 43360901  665122    0    0    0     0       0          0
 tunl0:       0       0    0    0    0     0          0         0        0       0    0    0    0     0       0          0
  sit0:       0       0    0    0    0     0          0         0        0       0    0    0    0     0       0          0
ip6tnl0:       0       0    0    0    0     0          0         0        0       0    0    0    0     0       0          0
```

图 6.7　网卡流量及包量获取

agent 如何计算网卡流量呢？下面以 eth1 为例介绍，实现每 60 秒统计上报 1 次的流量与包量数据，步骤如下：

1）读取 /proc/net/dev 文件，获取 eth1 的 Receive bytes、Receive packets、Transmit bytes、Transmit packets，分别记为 receive_bytes0、receive_packets0、transmit_bytes0、transmit_packets0。

2）sleep 60 秒。

3）再次读取 /proc/net/dev 文件，获取 eth1 的 Receive bytes、Receive packets、Transmit bytes、Transmit packets，分别记为 receive_bytes1、receive_packets1、transmit_bytes1、transmit_packets1。

4）根据 60 秒前后的 /proc/net/dev 文件，便可计算出下面的指标：

- 60 秒内平均每秒入流量：(receive_bytes1 – receive_bytes0) × 8 / 60 / 1000（kbps)(乘以 8 是为了把 bytes 转成 bit，除以 1000 是为了把单位转成 k，除以 60 则是取 60 秒内的平均值。)
- 60 秒内平均每秒出流量：(transmit_bytes1 – transmit_bytes0) × 8 / 60 / 1000（kbps）
- 60 秒内平均每秒入包数：(receive_packets1 – receive_packets0) / 60（个）
- 60 秒内平均每秒出包数：(transmit_packets1 – transmit_packets0) / 60（个）

通过上述方法，即可计算出服务器的 eth0、eth1 流量与包量，并每 60 秒上报 1 次。除了 eth0 和 eth1 外，还可通过监控 agent 统计服务器所有 tunl 及 ip6tnl 的流量总和及包量总和，这样有些网卡 bonding 的流量与包量也可以统计。

通过服务器网卡获取的带宽流量数据颗粒度非常细，可以很方便地实现按服务器、业务模块、业务集、产品、产品集、部门等各类维度的聚类汇总，使得我们可以更好地分析展现业务的发展变化情况，有诸多好处，包括故障排查定位、自动告警分析、预核算分析、优化等技术运营。

例如，某业务手机下载流量峰值按天分析的情况如图 6.8 所示。

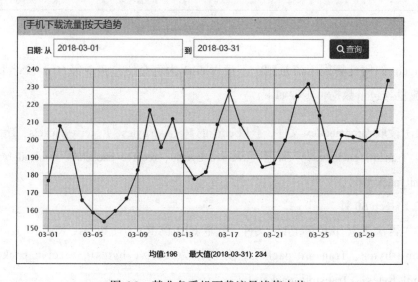

图 6.8　某业务手机下载流量峰值走势

6.1.3　专线使用的监控与分析

专线的使用监控与带宽的使用监控类有既相似的地方，也有不同之处。相似之处为均是流量监控，都可以通过网络设备端口以 SNMP 协议获取总流量数据，不同之处是专线流量需要有不同的服务级别，即需要对不同的业务流量打标。

一般情况下，我们通过 SNMP 协议来获取专线总流量数据，亦称这专线链路流量数据（如图 6.9 所示）。显然专线链流量数据无法区分业务及服务等级，难以实现专线流量的计费。因此，专线链路流量数据更多地用于监控专线链路的使用率、水位等，作为扩容建设的依据。

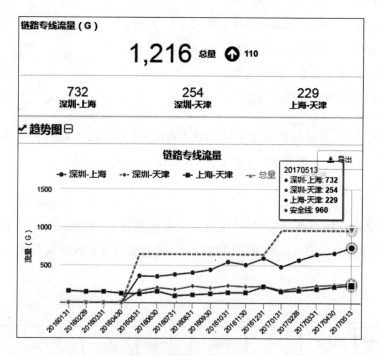

图 6.9　链路专线流量监控

为实现专线流量的业务区分及不同服务等级的业务保障，同时更好地计费，我们一般通过 netflow 来进行专线流量细分数据获取。

netflow 技术可以监测网络上的 IP Flow 信息，包括：

- 源 IP 地址
- 源端口号
- 目的 IP 地址
- 目的端口号
- 协议类
- 服务种类（TOS）
- 输入接口

因此，IP Flow 信息可回答专线流量业务区分及计费问题（5W1H），如下所示：

- who：源 IP 地址。

- when：开始时间、结束时间。

- where：从哪：From（源 IP，源端口），到哪：To（目的 IP，目的端口）。

- what：协议类型，目标 IP，目标端口。

- how：流量大小，流量包数。

- why：基线，阈值，特征。

其中，服务等级的划分是通过 TOS（Type Of Service：服务种类）进行 Qos（Quality of Service：服务质量）的 DSCP（Differentiated Services Code Point，差分服务代码点）打标。

DSCP 是一种 QoS 分类标准．它在每个数据包 IP 头部的服务类别 TOS 标识字节中，利用已使用的 6 位和未使用的 2 位，通过编码值来区分优先级，如图 6.10 所示。

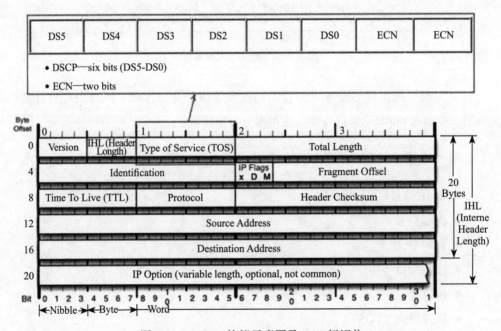

图 6.10　IP flow 协议示意图及 TOS 标识位

在做 DSCP 打标前，需要定义 DSCP 标识规范，如表 6.4 所示。

表 6.4　QOS 服务的 DSCP 标识规范示例

流量类型	DSCP 编码	备注
金牌	011-010	DSCP 十进制 26
银牌	011-001	DSCP 十进制 25
铜牌	011-000	DSCP 十进制 24

对专线流量进行 DSCP 标记的方法有如下三种：

- 通过 IPTables 对流量进行 dscp remark 动作。在服务器上设置 iptables，通过匹配流量的源目的 IP、源目的端口等策略，对不同的流量设置不同的 DSCP 标记。
- 通过业务层面设置 setsockopt 系统调用进行打标。在建立了 TCP 或 UDP 连接后，通过 setsockopt 系统调用，在 IPPROTO_IP 级别中 IP_TOS 选项设置制定的值来实现流量的 DSCP 自动标记。
- 通过网管建设专线打标管理系统，对制定服务器进行打标。在管理系统登记需要打标的服务器，可基于 IP、业务、业务集、部门来识别服务器，管理系统将会在服务器对应的接入层交换机端口对数据包进行打标。

例如，DSCP 打标后的不同服务等级专线流量分析如图 6.11 所示。

我们获取专线流量数据之后，就可以进行业务专线流量的分析，为技术运营的精细化提供依据。例如：规划产品专线流量 TOP10 增长变化及占比，如图 6.12 所示。

6.1.4　业务运营数据的监控

除了资源使用的基础数据监控，运营效率的监控还需要对业务发展的运营数据（如业务指标、资源指标等）进行监控，帮助我们了解业务的发展变化情况。

业务的运营数据监控，更多地要依赖技术运营团队自己的规划及产品研发团队的支持。而业务运营数据的监控规划本身就是技术运营精细化的重要内容。

关于运营数据监控，依据业务不同而不同，关键看如何能精确度量业务指标（如 DAU、VV、PCU、UV 等）、性能指标（如调用次数 /s、IOPS 等）以及资源指标（如下载次数，码率，平均大小等）。

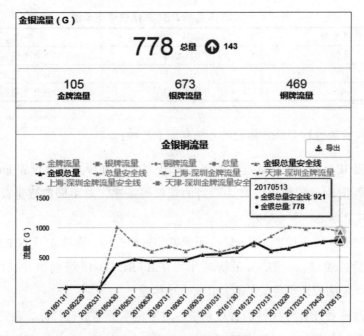

图 6.11　专线流量的服务等级监控

BG	部门	规划产品	本期流量 (G)	较上期增长 (G)	金牌流量 (G)	银牌流量 (G)	铜牌流量 (G)
TEG技术工程事业群	架构平台部	存储平台-公共 🔗	413	43 ↑	9	171	233
TEG技术工程事业群	架构平台部	自建CDN 🔗	182	-13 ↓	3	68	111
SNG社交网络事业群	互联网业务系统	腾讯云 🔗	115	-10 ↓	0	113	2
MIG移动互联网事业群	无线业务系统	MIG其他产品 🔗	69	2 ↑	1	24	43
SNG社交网络事业群	即时通信产品部	QQ 🔗	69	-1 ↓	8	58	2
WXG微信事业群	微信产品部	微信 🔗	58	-1 ↓	25	9	24
TEG技术工程事业群	信息安全部	信息安全 🔗	40	1 ↑	10	14	16
IEG互动娱乐事业群	互动娱乐部	互娱平台产品 🔗	33	7 ↑	2	19	13
SNG社交网络事业群	即时通信产品部	手机QQ 🔗	30	2 ↑	0	8	22
SNG社交网络事业群	即时通信产品部	QQ长连接 🔗	28	-4 ↓	0	10	18
合计		🔗	1,037	26 ↑	58	494	484

图 6.12　业务的专线流量 TOP10 增长变化分析

　　我们以微信的业务运营数据监控为例。微信为确保各业务模块的监控要求与标准（尽可能全面、规范及精细化），在研发代码 RPC 框架中统一内置了监控，监控数据项多达 512 项，如图 6.13 所示。

　　这使得任何一个业务模块上线，均可以采集相应的业务指标、性能指标及资源指标，多维度、全方位地规范监控业务的运营状况，为技术运营优化打下了基础。

```
mmnewacct 综合情况          mmnewacct CLI 端接口调用总数       mmnewacct CLI 端CGI调用数
0 - 调用总数              0 - 总次数[0]                   0 - auth
1 - 调用成功数            1 - AddUser[1]                 1 - sendmsg
2 - 连接失败数            2 - DelUser[2]                 2 - sync
3 - Client发流量         3 - GetUser[3]                 3 - uploadmsgimg
4 - Client收流量         4 - GetUserListByUinList[4]     4 - getmsgimg
......                   ......                          ......

mmnewacct CLI 端接口调用读超时   mmnewacct SVR 端接口调用总数       mmnewacct Svrkit各处理阶段耗时
0 - 总次数[0]             0 - 总次数[0]                   0 - 总数
1 - AddUser[1]          1 - AddUser[1]                 1 - 从Accept Queue接收fd
2 - DelUser[2]          2 - DelUser[2]                 2 - 请求在InQueue中等待
3 - GetUser[3]          3 - GetUser[3]                 3 - 请求在OutQueue中等待
4 - GetUserListByUinList[4]   4 - GetUserListByUinList[4]   4 - 一轮epoll和超时处理
......                   ......                          ......

mmnewacct SVR 端接口调用返回非 0   mmnewacct SVR 端接口调用超过 30MS
0 - 总次数[0]             0 - 总次数[0]
1 - AddUser[1]          1 - AddUser[1]
2 - DelUser[2]          2 - DelUser[2]
3 - GetUser[3]          3 - GetUser[3]
4 - GetUserListByUinList[4]   4 - GetUserListByUinList[4]
......                   ......
```

图 6.13　微信 RPC 框架内置监控示例

业务的运营数据是涉及多方面的，需要随着业务的发展逐步建立、完善，并及时收集整理。

6.1.5　掌握互联网业务的运营状况

要掌握互联网业务或产品，特别是海量业务的运营状况，需要持续对业务发展进行跟踪与运营数据分析。

一般来说，我们希望通过业务运营分析达到以下目的：

1）洞悉业务发展阶段与行业地位的情况。

2）科学地预备资源，满足业务发展需要。

3）并为持续优化、提升运营效率提供基准依据。

业务运营数据分析，是指利用已有的产品所消耗设备资源、带宽资源、专线资源与业务发展指标数据，结合已知的同类别产品或竞品数据，了解与掌握业务的运营状况，包括这几部分：

- 了解产品的业务特性，例如业务的日峰值情况，有无突发特征。以微信支付为例，图 6.14 显示微信支付的业务特性，即节假日峰值明显，特别是春节这类大节日。象微信支付这类业务特性，在节假日需要做特别的扩容与保障。
- 明确当前所处的生命周期或发展阶段。产品不同的发展阶段，技术运营的精细度及资源供给保障也是不一样的。精细化的技术运营主要在成长期启动、在成熟期持续加大力度，以尽可能延长产品的成熟生命期。

- 同类产品或竞品的情况对比，了解产品的行业地位。通过将产品与标杆产品或竞品进行类比、横比，可以发现产品的差距，建立基线。例如，QQ 与微信两大即时通信软件业务运营数据与带宽资源对比，如表 6.5 所示。

红包发送次数变化图

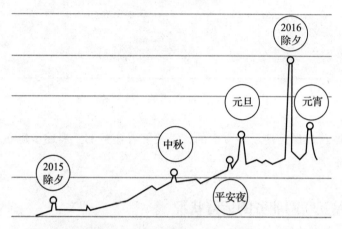

图 6.14 微信红包发送节日效应

表 6.5 QQ 与微信业务主要运营数据对比

同类产品			QQ	微信
时间			2015.7	2015.7
整体	活跃度	MAU（亿）	8.53	6.80
文本消息	总收发消息	总量（亿）	3 900	1 371
	消息	单发（亿）	120	132
		单收（亿）	140	255
		群发（亿）	40	30
		群收（亿）	3 700	953
富媒体	总 C2C 消息	日下载（万）	N/A	27
	长视频	日上传（万）	340	5 562
		日下载（万）	2 371	15 630
		带宽（G）	31	217
	短视频	日上传（万）	0	5 927
		日下载（万）	0	49 545
		带宽（G）	0	41

- 产品不同版本的纵向对比。将产品的新版本与历史版本进行纵比，确认架构、单机性能、单用户成本、运营成本等变化，以验证优化效果，不断提升性能基线，优化控制成本等。
- 以用户视角区分业务模块的资源消耗情况。通过拆细业务，了解主要资源数量及成本占比及分布，为建立产品资源模型做准备。

基本上，典型的业务运营分析方法与步骤如下：

1）确定分析模型。

2）收集数据。

3）汇总分析。

4）得出主要结论。

5）输出报告。

通过互联网业务或产品的运营数据分析，了解、熟悉并掌握业务发展现状与未来可能的演进及资源需求，就具备对业务进行技术架构评审的基础条件。

6.2　技术架构评审

对业务的运营效率有了充分了解后，要实现精细化技术运营，提高产品的用户体验与用户价值，降低业务运营成本，切实提升运营效率，并使之成为企业或产品的核心竞争力，需要从技术架构入手，从框架逻辑、算法实现、产品策略等多个角度，不断审视与优化。

6.2.1　技术架构与运营效率的关系

互联网业务或产品在市场上竞争的成功与否，取决于很多因素，但多多少少都与产品的技术架构有一定关系。条条大路通罗马，产品的功能可以相似，但实现的技术路径有多种。而技术架构往往决定了产品的性能与体验、升级、运营资源的需求与成本，最终体现为产品运营效率、产品竞争力。

假定实现同样的 IM 通信，某 APP 要用 20000 台服务器可以承载 5 亿用户日收发 1000 亿条消息，而微信由于使用了更优的技术架构（程序框架、业务逻辑、实现算法等），仅用 5000 台服务器就可以承载同等级用户的同样数量消息。可以简单得出，微信的运营成本仅为某 APP 的 1/4，即运营效率更高，明显具备更好的产品竞争力。

因此，结合业务运营数据分析，通过技术架构评审，就可找出业务功能块对资源瓶颈及限制所在，并提出切实可行的优化手段或方案，并逐步建立起关键业务模块的资源模型，以持续对资源使用合理性做出判断，进而不断推动业务持续优化。这样不仅可优化业务资源使用效率，也同步提升了业务研发人员的技术能力与水平。

业务运营会涉及业务发展指标（如 PV、UV、DAU、PCU 等），而技术架构上则涉及算法与资源使用指标（如请求量、包量、存储量、CPU 等），资源使用指标往往是与资源量（如设备、带宽等）直接相关。而业务指标与资源指标这两者之间不一定是直接的函数关系，但往往存在着一对多或多对多的（显性或隐性）关系。

例如：通过技术架构评审，我们知道视频业务最关键的业务衡量指标为 VV（视频播放量），而视频点播的带宽资源（带宽量）涉及的资源指标则包括：VV、平均播放时长、平均码率、P2P 效率，则可得出带宽资源模型公式：

$$点播带宽 = （峰值时段 vv × 平均播放时长 × 平均码率）/ 取数据时间段 /$$
$$1000 / 1000 - p2p 节约带宽$$

通过技术架构评审，可以判断业务现状是否合理（业务指标是否合理，产品策略的合理性，技术框架的合理性，程序算法合理性，资源使用合理性）、新功能是否合理（产品策略）、成本是否合理（成本变化较大或突变，单位指标资源能耗变大），等等。

可见，技术架构决定了互联网业务的运营效率，进而提升产品体验与用户价值。

6.2.2　技术架构评审方法

技术架构评审一般采用两种方法进行：纵横类比法、架构资源模型法。

1. 使用纵横类比法进行技术架构评审

方法有如下几个：

- 纵比：结合业务运营数据分析结果，同一产品与其之前的技术架构进行对比，如微信 6.0 与微信 5.0。
- 横比：结合业务运营数据分析结果，不同产品之间进行技术架构对比，如 QQ 与微信。
- 类比：结合业务运营数据分析结果，同类型的竞品之间进行技术架构比，如易讯与京东，电脑管家与 360，腾讯微博与新浪微博。

使用纵横类比进行技术架构评审的优点是简单直接，但缺点也是明显的，易被业务部门挑战。业务部门往往会宣称不了解业务，很多不一样的地方。另外，可能会质疑拿到的竞品数据。相对而言，没有更多的数据，说服力较弱。

本方法主要适用于触发业务部门去思考合理性，给出推导，需谨慎使用。

2. 使用架构资源模型法进行技术架构评审

架构资源模型的评审方法一般包括如下内容：

- 首先拆细业务，要从用户的视角，按子业务的维度进行拆细。一般先拆分成子业务（粒度最好拆到模块）；再将单个子业务按平台拆分为接入层、逻辑层、缓存层、存储层；或者按终端拆分：移动端、PC 端。这里特别要注意，直接按平台拆分业务是不合理的，会造成混乱，无法有效分析技术处理性能。另外，拆细业务有助于我们抓住重点（资源成本大）子业务进行，即抓大放小。
- 梳理业务模块的资源瓶颈与业务指标、资源指标关系。一般结合技术架构图进行梳理说明。
- 最终建立资源模型：可以持续跟踪业务健康、资源用量合理性、优化改进评估、运营成熟度等。

与纵横类比法相比，架构资源模型法的评审方法更科学，更经得起挑战，并可以知道优化的方向。

下面结合一个视频业务的设备资源例子，介绍一下架构资源模型法评审过程。

首先我们梳理视频业务的设备资源，按用户视角拆细业务、各自的资源量及占比以及监控到的利用率等数据，如表 6.6 所示。

表 6.6　视频业务资源梳理与拆分

业务模块	存量设备数（台）	主要设备类型	占比	低负载
转码	1 194	C1，Z9	37%	17%
直播	352	C1	11%	57%
P2P	366	C1	11%	58%
播放服务	223	C1	7%	24%
后台服务（移动端、广告、好莱坞等）	930	C1	28%	32%
业务合计	3 065		94%	33%
运维支撑（实时监控、BOSS系统、代理、开发测试机）	209	C1	6%	27%
总体合计	3 274		100%	32%

从表中可以看出，视频业务里有一个关键业务是：视频编转码（占比 36.5%）。即将各类视频源（编辑、UGC、合作伙伴提供各种编码格式）转成统一编码格式的多规格视频文件（即标清、高清、超高清、蓝光的 MP4 文件）。

视频编转码技术架构图如图 6.15 所示。

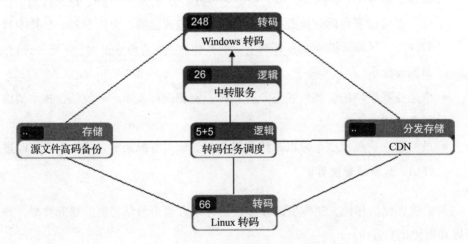

图 6.15　视频转码服务技术架构示意图

可见 Windows 转码服务资源占大头（248 台设备），其次是 Linux 转码服务，还有中转等服务模块。

按模块梳理资源瓶颈及处理能力，如表 6.7 所示。

表 6.7　视频转码当前性能与容量数据梳理

基本信息		理论容量（CPU 利用率 Linux 90%，win 60% ~ 80%）		实际使用情况		
类型	机型	单机处理能力	设计容量	全天转码量	峰值转码（小时）	峰值吞吐量
Linux 转码	Z9	0.54MB/s	165MB/s	视频数 – 56 702 文件数 – 174 756 总存储 – 3 205.7GB	258GB/hour	72MB/s
	C1	0.15MB/s				
Windows 转码	Z9	0.36MB/s	80MB/s	视频数 – 2 503 文件数 – 30 338 总存储 – 922.4GB	180GB/hour	50MB/s
	S6	0.16MB/s				
转码合计			245MB/s		438GB/hour	122MB/s
中转服务	C1	流量 900Mb/s				900Mb/s

从表中转码资源与容量数据可见，若要提升转码效率，可以使用以下技术运营手段：

1）优化转码算法，提升单机处理能力。

2）考虑使用更合适的机型，提升 CPU 性能。

3）同种机型 Linux 转码效率更高，减少使用 windows 转码服务。

若单个子业务还可分成接入、逻辑与存储层，可以按下列原则进行技术评审：

● 接入层：主要考察请求数是否合理，调用次数是否合理。注意要分 2 个场景看：无业务逻辑、透传的接入及有业务逻辑处理的接入层，处理请求数的能力是不同的。

● 逻辑层：主要考察功能用途、算法模型（一致性哈希、bitmap）、实现方法（SPP、protobuf、bloom fileter）。注意看包量是否合理（调用次数）、瓶颈所在以及推导过程。举例来讲，微博平台业务架构中，SNS Session 反向验证逻辑存在 N 倍放大的情形：某名人如姚明有 100 万个粉丝，某些场景下，微博需要根据 UID 来反向查验，即通过姚明的 UID，反向验证每个粉丝是否收听了姚明。这种场景就适合使用 cache 及 bloom filter 来优化逻辑，有效降低调用放大，大大减少计算量且提升单机处理性能。

　　存储层：包括 KV 存储与落地存储。主要考察存储份数、每次请求大小、每次写入大小、数据存储格式与大小（每条数据内容：段与大小）、可缓存场景、存储算法（lsm）等。

　　最后，我们可以建立资源指标与资源量的对应关系，即架构资源模型。同样以视频编转码为例，通过技术架构评审，建立设备资源模型如表 6.8 所示。

表 6.8　视频转码设备资源模型

业务 / 资源	资源指标 / 资源	指标代码或资源模型
视频转码	编辑上传视频文件量（个 / 天）	A
	视频规格数（个）	B
	视频文件平均大小（MB）	C
	转码文件量（GB/ 天）	＝编辑上传视频文件量 × 视频规格数 × 视频文件平均大小
	视频文件总存储量（P）	＝转码文件量 × 存储份数
设备资源量	转码设备数（台）	＝转码文件量 / 单机峰值转码能力
	存储设备数（台）	＝总存储量 / 每 set 存储量 × 每 set 设备数

　　以视频直播为例，通过技术架构评审，建立视频直播的带宽资源模型如表 6.9 所示。

表 6.9　视频直播带宽资源模型

业务 / 资源	资源指标 / 资源	指标代码或资源模型
视频直播	直播节目路数（个）	M
	同时在线观看人数（万）	N
	直播平均码率（kbps）	O
	FlashP2P 贡献率 %	P
带宽资源量	IDC 带宽（G）	＝回源节目路数 × 每节目平均回源带宽
	CDN 带宽（G）	＝同时在线观看人数 × 直播平均码率 ×（1–P2P 贡献率）

　　总结一下，架构资源模型法的评审路径如图 6.16 所示。

拆细业务　资源现状　业务架构流量构成　资源模型　合理性及优化空间

图 6.16　架构资源模型法的评审实现路径

3. 海量业务技术架构应当支持有损服务

这里要特别针对互联网海量业务服务，提出一个技术架构上的设计要求，即**技术架构上一定要做到支撑有损服务**，这是海量业务技术架构评审非常重要的一点。有损是互联网服务的核心技术价值观之一，即便云时代也是如此。

我们知道，典型互联网海量业务的访问请求形态有三种：高峰型、事件型及故障型，如图 6.17 所示。

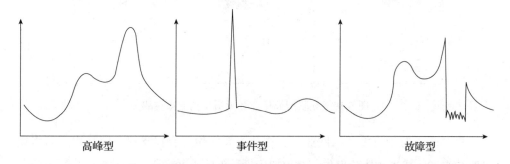

图 6.17　互联网海量业务形态示意图

高峰型是最常见的业务形态，由用户的使用时间与使用习惯决定，技术运营要考虑支撑好峰值时段的用户体验。这里使用错峰调度及使用有损支撑，有助于提升资源利用率。

事件型主要是由突发事件、竞品业务竞争或者产品运营事件等造成。如"三里屯优衣库"突发事件导致微信群消息猛增；滴滴与快因竞争而展开的业务补贴，导致业务爆发性增长；"双 11"、"秒杀"、"春节红包"等促销或节假日事件造成突发业务峰值。这类突发业务峰值对技术运营的挑战巨大，这里实施有损支撑解决显得尤其重要。

故障型的业务形态对于技术运营而言也很常见，因为故障无处不在（见图 6.18 所示），这里技术运营是可以通过架构冗余及有损设计来避免的。

如果在技术架构上不考虑有损设计，这几种业务形态将使用技术运营时刻面临成本飚升、过载雪崩、火情不断的困境。对于海量互联网业务，无损架构设计面对的将是图 6.19 所示状况。

图 6.18　互联网业务运营故障可能原因

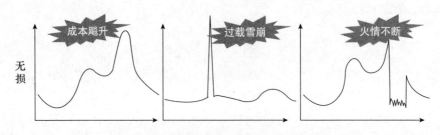

图 6.19　互联网海量业务无损架构支撑挑战

反过来，对于海量互联网业务，在技术架构做好有损支撑，则技术运营将做到收放自如，成本与体验俱佳。有损架构设计见图 6.20。

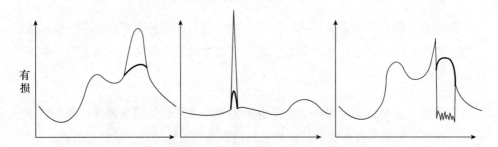

图 6.20　互联网海量业务有损架构支撑大幅提升运营质量

因此，技术架构上可支撑有损服务，既充分保障了海量业务的可用性与体验，并大大降低了运营成本。我们来看几个实例。

例如"红米秒杀"活动，这种突发峰值的事件型业务适合有损方案设计，包括如下两个方面。

1）柔性有损：

● 分布式排队计数，放弃严格抢购时序。

- 简化事务处理，中间错误异步修复。
- 业务流程上柔性：抢购预约码。

2）请求量超预期进一步有损：

- 放弃按序排队，90% 随时返回售光。
- 高峰时处理降级，跳过非关键逻辑。

通过层层频率保护，优化保证了促销活动业务高可用性 / 快响应。否则 10 倍以上请求瞬间涌入：系统无疑将在雪崩中压垮；进而用户页面持续超时；用户则是怨声一片。

再例如滴滴快的补贴大战，业务的高速增长带来巨大挑战，最终通过滴滴升级改造使用有损手术较好地解决了业务暴发导致的不稳定性问题，包括：柔性处理当前位置，显时最近时间部分附近出租车，高峰期算法可降级分单策略；取消实时定位出租车当前位置。这样高峰的有损设计，使得在不增加设备情况下，扛住 70% 的高峰请求。

6.2.3　技术架构评审过程

经过对业务的技术架构解析，我们通过建立技术架构的两种评审方法，特别是资源模型法，确定了业务的架构资源模型后，就可以按以下架构评审要点，对设备、带宽、专线等资源进行评审，实现精细化技术运营。

1. 常见的设备资源评审过程

第一步：明确业务运行时的主要设备资源瓶颈所在。

在这一步中，技术运营团队需要从用户使用产品的角度，划分产品功能块，梳理清楚各业务功能块，如当前使用的主要机型类别、单机性能模型、设备资源数量与占比、资源利用率。确认业务运行时，主要设备消耗的瓶颈所在，通过压测看 CPU、内存、磁盘 IO、网络 IO 等，看哪个先到瓶颈。每个细分出来的业务功能模块，均需要给出技术架构图。

第二步：使用性价比最合适的服务器硬件机型来适配。

由于硬件发展非常快，每一年服务器的硬件类型会有迭代升级，因此，可以通过第一步的资源使用瓶颈，再对照公司的主流服务器设备标准与版本，看看是否有更合适的机型来适配。

第三步：从以下精细化技术运营评估点上逐个检查评估，具体如下：

- 是否可减少不合理 / 不必要的调用请求量。

    这里是指要确认到达业务服务器的每个调用请求是否都是必须与合理的。我们要持怀疑的态度去看待当前到达服务器的调用量请求数，比如是否有一些盗链请求、是否是因为低俗、黄色的内容带来的请求、一些产品的自动请求的策略是否合理等。

- 是否可优化减少调用层级或减少调用放大。

    由用户视角出发划分的业务，无论大小都应列出技术架构图，并应梳理落到每一层的调用数。审视是否调用层级过多，或者调用放大，探讨是否可能通过优化架构来减少调用层级，通过合并请求或者调整业务逻辑来减少调用放大。

- 分配到服务器上的调用请求是否均匀。

    海量用户的业务，往往需要服务器集群来分担调用请求。这时候，假定承载业务的服务器能力是相同的，如果请求分配不均，则服务器的负载是不一的：有些服务器已经满载或超负荷，而另外一些服务器则比较空闲。多数时候，我们扩容是按峰值负载的服务器来进行扩容的，这样调用请求分配不均，就很容易造成资源浪费。

    为实现这种多机负载均衡，网络层有很多算法：如按用户 IP 地址哈希、按服务器最少连接数、按服务器最快响应，等等。为了灵活性与可控性，经常业务会自己在研发框架中实现的负载均衡，比如使用 QQ 号段来分配，其实是存在缺陷的（因为有些号段用户请求很活跃，有些号段则不活跃），这时候正确的做法是依据 QQ 号来做哈希，让到达集群中每台服务器的请求更均匀。

- 是否可使用缓存减少后端数据层的存储访问。

    业务的架构上需要考虑多级缓存（如客户端缓存、Memcache/Redis 数据读写访问缓存等），以减少到达服务器上的请求或后端数据层的存储访问。动态数据生成的页面一样可以设置缓存 expires 时间，哪怕 1s，对服务器处理性能都是会几何级数的提升。有效使用缓存，也可以避免服务器响应慢时，用户不断尝试刷新重试带来的恶性循环效应。

- 事务处理是否使用了异步调用或协程访问。

  在业务的事务处理逻辑上，确保尽可能避免同步调用处理，改用异步调用或协程访问，防止事务处理性能低下导致的请求堆积、拥塞。产品研发时最好使用统一的异步处理调用框架，或考虑使用协程库。

  串行同步与并行异步处理框架的效率对比可以通过我们日常生活中例子来说明，比如我们 50 个人同时去健康体检，要做 N 项（N>=3）检查，如果按先后顺序一项一项去做，就是串行同步处理，那么可能每项检查都要排队。实际上，我们可以调整为 N 项检查可以挑选任一项做检查，就是异步处理框架，这样 50 个可以分为 N 个检查并行，显然，这种异步处理框架会高效很多。

- 网络连接是否恰当。

  HTTP 的网络请求连接，如果使用短联的话，网络开销非常大，因为连接建立要经历三次握手。如果业务处理是需要这种频繁建立连接的情况，就应该考虑尽可能使用长连接。例如微信为确保消息快速送达与收取，就是使用心跳信令保持长连，避免建立连接带来的网络开销。

- 网络收发包量是否合理。

  建立网络连接后，进行数据传输，每次传送的包大小及包量也需要细究。使用过小的包进行数据传送，包量过多则对网络 I/O 及 CPU 消耗都会有影响；包尺寸过大，则可能会影响网络传送的稳定性，网络时延也会加大。

- 操作系统及其内核参数是否已做优化。

  默认的操作系统开启的服务、内核参数都是为了最大地适配各种应用场景，考虑了很多兼容性及通用性，一般针对我们真正的业务场景存在优化空间。在技术运营时，要充分考虑服务模块的必要性（比如声卡、蓝牙的支持、NFS 服务等不必要的服务进行关闭），一些内核的参数如 net.core.somaxconn、net.ipv4.tcp_syncookies 等也需要适当优化。

- 数据访问是否存在冷热。

  多数情况下，存储的数据是有冷热之分的。对于热度不同的数据，性能要求是不同的，要考虑使用不同 I/O 能力的硬件来支撑，以精细优化成本。

- 数据存储的内容、格式 / 编码、份数是否合理。

在存储上面，精细化的运营要点也很多。我们要细究是存什么东西，能否尽可能地减少存储的内容，有些不必要的冗余字段存储就没必要；能否 bitmap 精简存储。关于 bitmap 精简有一个例子，比如我们在数据库要存储用户的性别，可以有几种方式，一个是存男或者女，一种是可以存一个字母，F 或者 M，再有可以存储 0 或者 1。哪个节省存储？是不是 0 和 1 最简单？它只要一个很短的整型数就可以。如果是 F 和 M 的话，就需要字符型存储。

有时候，数据存储可以做些格式转换。格式是什么？比如存储一张图片，编码格式有很多种（如 jpeg、GIF、PNG、webp 等）。实际上，由于编码算法不一样，同一张图片在质量相同的情况下，大小也不同，比如同质量的情况下，webp 格式编码的图片比 jpeg 要小 30% 以上。那么使用合适的格式就能够大大减少存储量。

存储份数一方面考虑容灾的需要，一方面是为了满足用户的快速访问体验，会将同样的数据存储很多份，放在离用户最近的地方。这里面需要做适当的权衡。对于热度不同的数据，存储份数及压缩比都可以考虑区别对待。

第四步：从管理策略与措施上进行提升，具体如下：

- 是否可使用新服务区或长尾服务区进行业务新上线或下线管理。

新功能上线后跑多少业务量很难预先知道。甚至也许这个新功能业务压根就发展不起来，或者这个功能并没有预想的那么多人使用。如果我们申请了一堆机器的话，可能就产生浪费。所以我们针对新功能新业务，设立一个专区，这个专区专门用来上线新服务。就是说这个新服务不会单独部署，除非它的请求量或者调用量达到了一定程度，才给单独拿出来。其实我们知道，新功能或者新产品，成功率还是非常低的。真正比较好后再单独部署，这就是新服务器区的管理。另外一个是长尾业务服务区，当业务进入衰退期，请求量降到某个级别，就应该把它收到长尾区去提供服务。

- 容灾备份系统或区域可否用于跑离线业务。

我们生产系统中往往还有容灾区域，这个容灾区可能平时不提供服务，那么它至少可以跑一些离线业务或者运营支撑服务。

- 资源供给能力是否可进一步提升，降低容量的水位线。

  资源供给能力也是精细化运营要考虑的方面。比如我们要扩容，上云是一种很好的方式，按需获取；还有一种方式，采购服务器扩容，是 1 天就可以供给到，还是 1 个月可以供给到？如果有很好的供给能力，我们就可以提高容量水位线，即平时就不需要准备多余的资源。

2. 常见的带宽资源评审过程

第一步：从业务视角梳理清楚带宽构成，确定带宽消耗大头业务。

在这一步中，技术运营团队同样需要从用户使用产品的角度，划分产品功能块，梳理清楚各业务功能块当前使用的带宽构成，包括带宽类型、带宽用量、区分来源场景（如文章正文还是对话、是图片还是视频、是原图还是缩略图、是 JPEG 还是 GIF 等等），确认带宽消耗的主要业务及场景形态。

第二步：按业务建立带宽资源模型，明确带宽消耗因子。

将第一步中找出来的带宽消耗主力业务，分析影响带宽的因子，建立带宽资源模型，最好的描述成带宽公式。

比如说朋友圈的视频，它的带宽影响因子就是下载次数和平均大小，精细化优化就考虑怎么减少它的下载次数或者减少它的平均大小就可以了。所以带宽因子搞出来之后，大家就很清楚怎么优化带宽。

第三步：从以下精细化技术运营评估点上逐个检查评估，具体如下。

减调用量类：

- 是否可减少不合理 / 不必要的调用请求量（如盗链、色情、重复）。

  确认到达服务器的调用量请求数合理性，比如是否有一些盗链请求，是否是因为低俗、黄色的内容带来的请求，一些产品的自动请求的策略是否合理，等等。不仅可以降低服务器的压力，还会节省带宽资源的消耗。这种盗链、色情等不合理的请求，是每个产品安全团队努力打击的目标。

- 是否可使用客户端缓存数据。

  使用客户端缓存，同样不仅可以减轻服务器资源的压力，而且可以减少带宽资源的消耗。比如页面设置缓存 expires 后，请求时只需与服务器比对时间，在有效期内，并不需要重新处理及拉取内容。

- 避免多次中转调用或多次代理访问。

  在某些业务场景中，比如 VOIP 业务或 CDN 回源中转，为了解决用户访问的连通性、稳定性与速度问题，会使用服务器中转技术，通过服务器的网络（公网或专线）来转接请求或代理请求。在使用服务器进行这类中转请求时，每一次中转，都会增加一次带宽消耗。要设法避免多次中转的情况，比如 VOIP 可以使用直连避免，而通过 CDN 访问冷数据造成回源可以通过302 跳转避免。

- 是否可启用 P2P 访问。

  P2P 技术会使用客户端的带宽，可以大幅节省服务端的计费带宽。什么情况下用 P2P ？下载的时候，比如一个游戏，大家都在下载的时候，就可以用 P2P。P2P 的应用场景非常多，在腾讯视频和其他视频网站都用到 P2P技术，因为 P2P 是由用户来提供带宽。但是 P2P 在移动互联网时代面临巨大的挑战，因为手机的用户是很反感通过手机上传的流量，所以在移动互联网时代，要慎重考虑 P2P。

减数据传输大小类：

- 是否可以减小每次请求的数据量。

  通过精简用户请求的数据字段或者协议包头，设法减少每次请求的数据量，从而加速用户访问速度，减少带宽使用。例如互娱在进行 LOL 技术运营中曾经发过，历史版本的协议中，有一些弃用了的、不必要的协议包头，精简后可以减少 10% 的带宽。

- 是否可以减少传输大小（如压缩、编码格式）。

  编码与压缩算法不仅可以大幅降低数据存储的大小，还可以大幅度降低网络带宽的占用，特别是对于图片与视频这些富媒体数据使用什么算法有明显不同。比如，视频的 H265 压缩编码，相对 H264，压缩体积上有 30% 的减小。

- 是否可以使用缓存控制，按需请求。

  使用缓存控制，按需请求合适大小的内容，而不是一次过拉取所有内容，包括用户不需要的内容。可以举个例子来说明，大家可能用过 QQ 音乐，我们经常用它来试听一些新歌。早期版本的 QQ 音乐点击试听的歌曲，会把整个歌下载下来。然而更多的实际情况会是，我们听了几秒钟会因为不好听或者听过了，就不再听了，这导致整首歌下载是不必要的，是浪费带宽资源与服务器能力的。如果有一个缓冲控制，就是下载的内容量比听的量快一点，就足够了，可以大幅节省带宽资源，甚至服务器资源。当然，技术的实现上要复杂得多。

削峰类：由于所有运营商给我们带宽计费都是按最高的那个峰值点来计算的，所以我们优化时要尽可能把高峰值降低。

- 业务是否可以适当削峰（如高峰期降码率）。

晚上 8 点到 10 点一般是带宽高峰，这时候带宽压力非常大，因为大家都休闲有时间使用各种流量服务。由于带宽是按高峰来计费的，我们是不是可不可以适当降低峰值，又不影响业务？实际上是可以的。比如峰值时候，如果是看高清视频，系统此时可以默认转换为标清视频，用户对此也是可以接受的，因为用户也理解这时候是高峰期。

另外一个是下载，我们看视频的时候，有时候是先缓存下来，方便我们上班的地铁、公共汽车上面看。高峰时期，也有很多时候用户在这个时点下载，系统可以实施高峰限制下载速度，同样候用户也可以接受与理解的。

- 是否可以错峰使用（如预下载、灰度推送更新包）。

错峰使用是这样的情况，比如闲时预推或者说预下载。微信在春节会搞一些活动，比如说摇红包。如果等活动时再下发这些资源的话，带宽量就会很高。一般在活动之前，我们会把素材推到用户的手机终端上缓存起来，这样参与活动的时候，比如说摇一摇红包，那些素材本地已经有了，此时只是发送与接收信令就就可以了，不仅体验好，同时带宽都没有太高的峰值。

还有一个是灰度也是错峰或平抑带宽峰值的一种措施。微信一个新版本出来，大家都会立即尝鲜更新。如果用户都同一时间更新，带宽的峰值就会推的很高。如果我们采用灰度控制以及避开高峰时候更新，带宽高峰期就会提到控制。灰度更新，先推这部分用户，再推那部分用户，相对来说带宽是平缓的。

第四步：从管理策略与措施上进行提升，具体如下。

- 是否可使用更便宜的带宽类型（如 CDN 或合作免费带宽）。

  北京、上海、广州这些一线城市的由于离骨干节点近，带宽优质，价格都非常贵，但是到二三四线城市的带宽就相对比较便宜多，适合部署就近服务用户的 CDN 加速节点。因此我们尽量考虑将带宽挪到二三四线城市去，这样带宽价格甚至可能不到一线城市 1/3。

  象腾讯这样具有丰富内容的互联网服务公司，很多中小运营商愿意提供免费的 BGP 对等网络带宽，为自己网内的用户解决访问体验问题。使用好这部分免费合作带宽，不仅提高了中小运营商用户的体验，也部分降低了带宽资源成本。

- 是否可以调整产品策略。

  产品策略可能会严重影响业务的带宽使用，比如视频的清晰度（码率），是否自动播放等。拿朋友圈小视频举例：关闭小视频自动播放，其带宽影响接近 50%；同时考虑满足用户全屏小视频及高清需求，提供全屏高清小视频上传与播放，带宽影响超过 100%。

3. 常见的专线（DCI/MAN）资源评审过程

专线资源评审与带宽资源的评审非常类似，主要从减量（减传输次数量）、减大小（减每次传输的大小）、柔性出发，但也有不同：专线对外是按建设容量付费，而非使用量付费；专线还有 Qos（服务质量）等级的区分等。一般我们可按照以下步骤及评审点进行专线架构评审：

第一步：厘清业务的专线流量构成。

技术运营团队需要从用户使用产品的角度，划分产品功能块，梳理清楚各业务功能块当前使用的专线流量构成，包括专线架构、用量、场景来源、方向、服务等级，确认专线消耗的主要业务、场景形态、流量等级。

这里专线流量的梳理与上一节的带宽有所不同，专线除了需要细分到业务外，还需要明确专线流量的方向及服务等级。

第二步：建立专线流量模型，明确专线流量的影响因子。

将第一步中找出来的专线流量大头业务，进行架构分析，确定传输数据的内容字段、影响因子等，建立业务专线流量模型。

例如：峰值运维日志同步条数与日志平均大小；峰值数据库同步写入次数及平均写入大小等。

第三步：明确专线流量的服务类别（金牌、银牌还是铜牌）。

这是专线与带宽资源不同的地方。由于专线是稀缺性资源，建设与扩容的难度大、时间长，因此需要依据流量的保障级别不同，区别对待服务。

服务等级的确定需要基于若干维度综合考虑，如表 6.10 所示。

表 6.10　服务等级判定与举例

分类	金	银	铜（默认）	备注
通信内容 / 场景	支付、信令、登录鉴权、验证码、账号信息、关系链、DB 写入、文本、索引等	富消息（语音｜图片｜视频）、反外挂、索引	文件类（日志｜语音｜图片｜视频｜其他文件），非生产系统线下数据、其他未注明	优先考虑
通信实时性要求	实时	准实时	非实时	
流量来源	在线 / 业务产生	离线 / 业务产生	离线服务 / 运维	是否与用户直接相关
通信方式	直接读写	同步镜像	公网代理 / 回源请求	
架构能力（是否支持有损）	不支持	不支持	支持	

专线流量的服务等级需要技术运营团队与业务需方共同商定。

第四步：从以下精细化技术运营评估点上逐个检查评估。

技术架构冗余类：

- 是否可以使用更低服务级别的专线流量。

  如果业务技术架构可以调整，支持有损服务，则可以考虑使用更低服务级别的专线流量来支撑。

- 是否可以使用公网传输。

  若业务的技术架构允许通过公网而非专线来进行传输，例如某些加速回源的流量，当公网成本转专线流量成本更有优势，可以考虑使用公网传输来满足。

减调用量类：

- 是否可减少不合理 / 不必要的调用请求量（如重复）。

  例如多个业务团队对同一份数据的重复请求或者拉取。这里需要加强业务团队之间的沟通及拉取接口的调用权限控制。

- 是否可以减少穿越。

  接入、逻辑与存储分布的不合理，比如不在同一个 Campus（园区）或 Zone（城市），就会产生专线流量穿越，这里就需要调整分布来减少穿越。通过梳理技术架构很容易发现这类分布不合理的情形。

  例如：在安全打击的业务服务中，收集数据的模块分布在多个城市，上报集中存储在其中一个 A 城市，然而数据分析处理的又在另一个 B 城市，这样的分布架构就导致了多次的流量穿越，要尽可能通过调整服务架构分布来避免。

减数据传输大小类：

- 是否可以减小每次请求的数据量。

  与带宽类似，通过精简业务拉取请求的数据字段，设法减少每次请求的数据量，从而减少专线流量的使用。

- 是否可以减少传输大小（如压缩，编码格式）。

  与带宽类似，通过对需要传输的数据理行压缩，尽可能减少数据存储与传输的大小，从而减少专线流量的使用。

削峰类：

- 是否可以错峰使用。

  与带宽类似，一些离线计算的业务或对非实时需要的业务数据传输与拉取，可以避开专线流量的高峰期使用。

  一般而言，专线流量高峰与带宽类似，出现在晚上 8 点到 23 点之间。

通过业务技术架构评审，一方面有助于业务侧定期审视互联网业务或产品快速发展与成长过程中，资源的合理性使用情况，使之 "跑得快，还要跑得稳，同时成本效益是最大化的"；同时，也有助于业务侧对所负责业务架构的全局把握，能了解到与同行竞品、公司同类型或不同类型业务之间的优劣差异，不断改进提升，从而提升业务运营水平及提高资源运营效率。

另外，评审过程有助于管理者 / 管理层加深对业务的了解，可以更好地平衡业务发展、运营效率与运营成本之间的关系；而评审过程中建立的资源模型可用作申领审批及预算编制管理的重要依据，资源模型与评审结果更可帮助持续跟踪业务发展变化的情况。

技术架构评审可实现持续正向的循环反馈，大大助力互联网业务运营，解决企业管理者的困扰、帮助决策，值得持续探索。

6.3 技术运营优化

技术架构评审是精细化技术运营的手段，而产品体验优化、用户价值提升及成本优化控制则是精细化技术运营的目的。

6.3.1 优化的必要性

技术运营优化的必要性体现在两大方面：给用户带来价值，提高产品竞争力。

1. 持续改进提升产品体验，给用户带来价值。

我们知道，好的产品会自己说话，用户会用得爽、愉悦与舒心、愿意口口相传。我们以微信产品为例，来说明优秀的产品体验表现：

- 有效解决用户的某个或某些问题、烦恼、痛点。
  微信产品就极大地改进了用户之间的沟通（消息收发）、帮助朋友想法的展现与了解（朋友圈）、方便用户快捷地支付或转账（微信支付 / 红包）等。产品的技术运营首要考虑的是能否帮到用户。
- 极简设计。
  设计界大人物、认知科学家唐 . 诺曼提到"在设计与人之间，人是不会错的，错的是设计"。产品设计模型与用户使用模型两者的汇通是通过设计来呈现，只有上手就会用的设计才是成功的，若要通过看说明与手册才会用，这样的产品设计已经失败。用过苹果手机的读者知道，iphone 手机并没有"使用手册"。同样，在微信产品的设计中，都处处遵循"极简设计"的原则：比如摇一摇它就能找到附近陌生人聊天，按一下人们就能说话，不需要输入文字。在进行技术运营时，"少即是多"，我们可以推进简化产品架构及优化业务复杂的逻辑。

- 服务快速响应。

用户无法忍受糟糕的响应及漫长的等待，2009 年的 PC 互联网时代，Akamai 就有研究表明，网页响应时间可容忍的阈值是 2 秒，一旦网页相应时间超过 3 秒，会有 40% 的用户放弃浏览页面；而一年之后，超过 3 秒放弃浏览页面的用户比例上升到了 57%。显然，用户的期望在不断的提升，在移动互联网时代，对智能手机上的服务响应，60% 的用户希望在 3 秒或者更少的时间内加载显示，74% 的用户表示，当单个服务加载时间花费 5 秒或者更多时，会选择离开或弃用服务。例如，微信消息收发，就是通过一切可行的技术运营手段（分布式就近接入、专线同步、高性能架构、领先算法与存储模型等），实现消息尽可能实时送达。

- 服务稳定、可靠及安全。

服务的稳定、可靠与安全指的是所提供的服务让用户随时可用，同时尊重用户稳私，保护用户数据；不骚扰用户，减少用户的困扰。微信产品采用一切可行的技术运营措施（如分布式容灾架构、加密冗余存储、打击谣言 / 低俗 / 诱导 / 违法等），确保用户服务的稳定性、可用性、可靠性与安全性。

- 用心为用户着想，帮用户节省时间与花费。

例如，微信不断使用技术手段优化图片、视频的大小，控制请求重试次数或拉取大小，减少流量开销、避免"浪费流量"；控制微信客户端的 CPU 占用 / 内存运行、控制耗电；控制客户端安装包大小、控制客户端使用存储大小等等，倾尽所能为用户着想。

2. 优化公司运营成本，提高产品竞争力

运营成本的优化重要性不言而喻。我们先来看一组腾讯公司财报中摘取的收入与成本数据，如图 6.21 所示。

从图中可见，象腾讯这样的优质公司，一样面临成本快速增长的压力。一般地，一家公司的成本增速尽可能要低于收入的增速，否则公司利润将受压。公司运营利润好，不仅员工会有良好的收入及福利，股东的回报也会非常可观，同

时，公司也有能力承担更多的社会责任，公司运营肯定会进入很好的正向反馈之中。相反一家没有利润的公司，长期而言，对员工、股东、社会都会有重要负面影响。

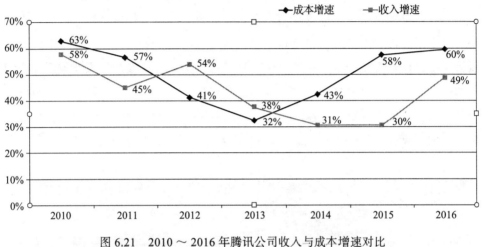

图 6.21　2010～2016 年腾讯公司收入与成本增速对比

公司运营成本不只是管理层的事情，实际上，每位员工都要有成本意识。过往，技术运营对成本的关注度不够，而在精细化技术运营中，成本优化与控制则是要强调的工作方向与内容。

6.3.2　精细化技术运营的方法论

至此，我们阐述了运营效率监控、技术架构与运营效率的关系以及通过实施技术架构评审来达成运营优化。下面总结一下精细化技术运营的方法论，如图 6.22 所示。

不管是设备、还是带宽或专线，我们都要将它的数量与成本的构成搞清楚，从用户的视角将它们细分清晰。

划分好之后，要抓住最重要的部分（主要矛盾）优先进行。因为技术运营的人力投入是有限的，要考虑投入产出比。就像我刚才讲的 GIF 案例，70% 的图占据了 60% 的带宽，我们只要把 GIF 格式调整成其他格式就可以降低带宽。

细分清楚之后，实施技术运营过程中，要深控每一个算法实现。这里也有一个例子。微信里面有一个功能叫微信运动，有一次业务部门提出来，用微信运动的人越来越多，这个服务请求已经顶不住压力，需要扩容、加机器。我们了解技术的实现算法是每个微信运动用户都要排一次序，以前是 100 万用户排序，现在是 800 万用户排序，这么大的排序量是肯定需要资源扩容，否则跑不起来。后来我们控它的算法，其实不需要排这么多次序，我们只需要用算法做一次全局的排序就可以了。每个用户排序只是这个全局排行榜的一个子集，将自己好友抽出来就行了，这样只需排一次序就可以了。当然这次全局排序参与的人非常多，肯定花的资源多一些。排完之后，这个人的排行榜也出来了。使用这种全局排行榜解决微信运动根本就不需要扩容，而且不管将来有多少用户，即使未来增长到 10 亿用户参加微信运动也不需要那么多设备。这就是算法实现的精细化运营。

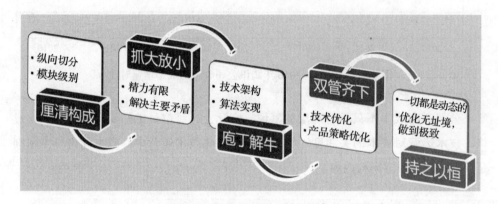

图 6.22　精细化技术运营方法论

双管齐下指的是除了技术的优化上，还要推动产品去做一些极致策略调整。就像关闭自动播放，因为这是产品策略的问题。

精细化技术运营要持之以恒。因为产品运营发展过程中，各种环境与数据始终都在变。比如用户在增长，产品在迭代，总在不停的功能升级等。

6.4　项目推动

我们通过技术架构评审，实施精细化技术运营，会发现业务很多的优化改进空间。这些优化改进空间，往往是共性的。技术运营的管理部门，有责任牵头，建立基线、树立标杆，将这些共性优化点，在全公司范围推广开来。

这些需要在全公司范围推广进行的技术运营点，一般是以联合项目的形式进行，多部门跨团队来推进。例如：

- DCI 专线流量优化项目。
- DC 带宽跨城调度优化项目。
- IDC 裁撤置换项目。
- 运营成本优化项目。

6.5　本章小结

本章详细阐述了精细化技术运营实现的方法论。我们可以通过获取运营效率数据，结合技术架构评审，进行分析与建立资源模型，深入细化每一个技术细节，实现技术运营优化。

实战案例

知己知彼，百战不殆；

不知彼而知己，一胜一负；

不知彼，不知己，每战必殆。

——《孙子·谋攻篇》

本章将从构成运营成本的主要运营资源（设备资源、带宽资源、专线资源）出发，以实际案例介绍精细化技术运营实施的内容。

需要提醒注意的是：精细化技术运营的目标是创造价值，而不是摧毁价值。精细化提升要注意把握度，切忌为了精细化而过于精细，钻牛角尖，反而可能导致得不偿失。对于价值增加没有帮助的精细化工作要大刀阔斧地砍掉。

7.1 设备资源精细化技术运营案例

2015 年 7 月 22 日，微信朋友圈图片不能显示了，出现一个粉色图片，上面列有"清账"两字。虽然故障持续的时间只有短短几分钟，但影响面却十分广，引发各种猜想。著名自媒体作者 Fenng 在公众号"小道消息"中发了文章《微信居然也会缺少服务器资源，你信么？》。

后来确认，问题产生的原因是少数服务器升级所致，但也反映出设备资源对业务的支撑十分重要，而且运营的精细化还没有做得足够好。如何保障业务发展需要，保障用户体验，同时又充分利用好资源，控制好运营成本，是设备资源精细技术运营需要持续探索的关键。

7.1.1　设备资源精细化技术运营要点

我们在上一章已提到过设备资源精细化技术运营的方法论与步骤，这里列出要点如下：

第一步：明确业务运行时的主要设备资源瓶颈所在。

第二步：使用性价比最合适的服务器硬件机型来适配。

第三步：从以下精细化技术运营评估点上逐个检查评估：

- 是否可减少不合理 / 不必要的调用请求量。
- 是否可优化减少调用层级或减少调用放大。
- 分配到服务器上的调用请求是否均匀。
- 是否可使用缓存减少后端数据层的存储访问。
- 架构上是否使用了异步调用或协程访问。
- 网络协议是否恰当。
- 网络收发包量是否合理。
- 操作系统或内核参数是否已做优化。
- 数据存储的内容、格式 / 编码、份数是否合理。
- 数据访问是否存在冷热。

第四步：从管理策略与措施上进行提升，包括：

- 是否可使用新服务区或长尾服务区进行业务新上线或下线管理。
- 容灾备份系统或区域可否用于跑离线业务。
- 资源供给能力是否可进一步提升，降低容量的水位线。

根据以上思路，我们将通过多个业务实际案例来阐述如何进行设备资源精细化技术运营。

7.1.2　微信消息

微信收发消息是微信产品的核心业务，也是使用设备资源量的头部业务，因此对该业务功能的技术运营具有重要价值。我们发现了三个问题：调用关系复杂、请求分布不均，资源使用瓶颈不一。我们对这三个问题进行了深入分析，并找出了优化方案。

1. 调用关系复杂

为什么说调用关系非常复杂？微信消息收发分为两种情形，单聊与群聊。单聊指的是用户 A 和用户 B 之间发消息，群聊是单用户在群里面对 N 个用户发消息。我们看相对简单的收发单聊消息过程如图 7.1 所示。

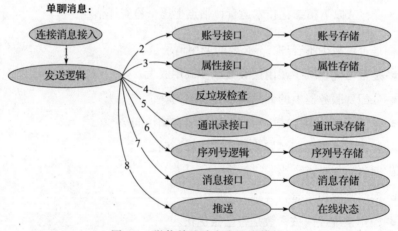

图 7.1　微信单聊消息发送微模块

单聊实际上有 9 个以上的步骤：发一条消息，系统在后台处理要处理 9 次以上：消息连接接入，进入发送消息的逻辑模块，鉴权（帐号存在与否、账号属性是否正常），安全检查（是否垃圾、是否有害等），收消息人检查（通信地址本），生成消息序列号（确认不丢消息及消息有序拉取），存储消息体，发送消息通知，收取新消息等。可见调用关系是非常复杂的。

因此，我们针对复杂的调用关系逻辑进行了优化，包括：调整 RPC 接口与后台数据存储，合并 RPC 调用；减少调用层次，缩减模块；逻辑层引入强一致性缓存，减少 account/attr 等模块持久数据的 RPC 访问；分离冷热数据，减少对冷数据的 RPC 访问等等。这些精细技术优化在 2014 年实施时，节省的设备量超过 400 台。

2. 请求分布不均

微信消息是多机集群处理的，如果负载不均的话，有些机器达到瓶颈时，有些机却还很空，需要将请求均衡地分布到机器上。例如：消息的 KV 存储由按分号段存储改为一致性哈希，使得每机性能更均匀；原来是按号段存储每机的负载很不均匀，而扩容是按最大负载的机器进行的；有些服务是串行处理的，例如优化容灾架构，使用异步队列进行 I/O 优化。这些精细的技术优化在 2014 年节省设备近 500 台。

3. 资源使用瓶颈不一

消息业务的每个 key 都放内存，海量 key 致使需多台服务器来存放数据，显然这些服务器的资源瓶颈在内存上；适当将冷数据的 key 落地到磁盘上，可以缩小内存容量；同时考虑零散碎小模块可以合并一起，使资源充分使用；而合并在一起存储，就需要技术方法解决某个业务突变引起扩容。

另外，有些业务模块则资源瓶颈的 CPU 或磁盘存储上，甚至在不同的时间消耗的资源量不同，可以考虑资源混合与错峰调度。关于错峰调度，我们后面（微信游戏模块错峰填谷）还会用详细的案例来阐述。

解决资源使用瓶颈及错峰调度，2014 年微信优化中节省服务器超过 250 台。

4. 其他的优化措施

还有一些优化点如下：

- 操作系统优化及 RPC 框架性能改进。例如，原来微信服务器的操作系统层面单机性能比较差，每台机器只能处理不到 100 万左右的消息调用量，使用 tlinux 大幅将单机性能提升到近 200 万。微信单机性能改进的优化于 2014 年中节省设备超过 3000 台。
- 服务器的容量管理，优化容量水位，提升快速扩缩容能力。
- 新业务服务区及长尾服务区的管理优化。设定业务进入或迁出新服务区或长尾服务区的请求调用量阀值标准。

7.1.3 微信收藏

微信收藏指的是我们在微信里看到一些很好或有价值的信息，无论是消息、视频还是文档，使用收藏功能以便后续查阅或参考（如图 7.2 所示）。这里我们主要介绍如何对微信收藏视频进行精细化优化。

图 7.2 微信收藏功能使用示意

视频收藏的功能及后端存储设计是基于腾讯的价值观"一切以用户的价值为依归"，考虑让用户未来播放观看收藏视频比较便捷。因此，最初的产品设计形态是，从用户便利性出发，让用户可在收藏列表里直接播放。

但这会造成什么问题？因为微信收发信息（视频也是一种消息）是加密的，如果要在收藏列表里播放，系统就要解密并另外存储这份非加密的视频。也就是说，视频收藏的功能要设计多一份存储，而且收藏内容是永久保存的，不会删除掉。这与消息收发不一样，消息被收取后即删除；即使不收取，消息最多只在服务器上存储三天，而收藏内容会"永久"存储于服务器上，并且要确保数据的高可靠性，系统还要使用分布式存储多几份副本。这个"便利性"收藏设计造成的结果就是 2016 年额外带来 7PB+ 存储量。我们知道一个 PB 是 1000TB，1TB 是 1000GB，一般服务器硬盘是 2TB 或者 4TB，2TB 还是主流。7PB+ 的存储量大约需要 1000台服务器，这是一个很大的资源数量。而且随着时间的推移，还会继续增长。

经过数据统计分析我们发现，用户真正在收藏列表里面去点播放与观看的请求一天才只有几万人。也就是说，却花了 7PB+ 的存储成本，这个性价比太低。

技术运营团队开始推动产品与研发对收藏播放逻辑进行修正，优化了收藏列表中的视频播放视频的功能。截至到优化上线时，微信收藏优化减少了 7PB+ 的存储设备。这也是通过数据技术运营来推动产品体验与成本优化的例子。

7.1.4　朋友圈

朋友圈是微信里最为重要功能之一，帮助用户向好友展示自己的想法与最近状况，同时便于用户了解好友的状态并进行评论或点赞。朋友圈与收藏很相似，用户数据也是"永久"保存于服务器上，不会删除。

朋友圈的产品形态很特别。细心的读者会发现，用户发一条朋友圈，实际上是先在用户自己个人相册里面存一条记录数据（参见图 7.3 左）；但同时会往该时刻、允许查看其朋友圈且未屏蔽该用户的好友时间线上插一条索引数据（参见图 7.3 右）。

图 7.3　微信朋友圈

也就是说朋友圈有两个功能点：

- 看所有自己发的朋友圈记录，就是个人相册，保存了自第 1 条朋友圈以来的所有朋友圈消息记录。访问的频率相对不高，但这部分存储数据，用户一般很少删除，它是持续增长的，这个存储量是巨大的。
- 我们平时刷朋友圈，即朋友圈信息流，按时间倒序，列出某个时刻，好友发了一条状态信息（文字、图片、视频、图文等），这就是时间线。只存放 2000 条索引记录，存储所需空间不会有太大变化，但用户访问频率高，经常被刷新访问。（用户如果要看 2000 条以外的好友朋友圈消息，只能点开到某个好友的个人相册才能看了。）

朋友圈每天上传图片请求近 10 亿次，上传视频请求近 1 亿次。数据访问超过 5000 亿次 / 天，单机峰值访问超过 120 万次 / 分钟。为确保数据可靠性与良好体验，会存储多个规格及存储份数。因此，朋友圈的存储体量及访问量是非常大的，而且是永久保存，随着时间推移还会增加。这就有一个问题，如果都使用高性能存储来服务用户的话，服务器资源成本将会是天量。

技术运营团队跟踪运营数据发现，用户看朋友圈的时候，访问一天之内发的朋友圈内容，大约占了 70%，一天之外内容被访问次数大幅减少，当前 1 天之内的朋友圈内容存储量只占总朋友圈存储量的 0.3%。90% 以上的访问请求的数据都在 1 个月以内，当前 1 个月之内的朋友圈内容存储占总朋友圈存储量的 6.5%。

也就是说，朋友圈业务呈现访问量大、数据冷热非常分明的特点。需要考虑将数据分成热数据集群与冷数据集群，而且基本可以确定，热数据集群的增长不会太明显，增长主要在冷数据集群上。热数据集群我们就用性能最好的设备，让大家可以很快速访问到所需的内容与数据；冷数据集群就使用价格低廉的多的大容量存储设备。从架构上，除了要支持按时间序列进行冷热数据的迁移转换，还需要支持用户访问的转换。最终重新优化实现新的朋友圈数据冷热分离存储架构，如图 7.4 所示。

热数据集群使用高性能 SSD 存储机型 TS8/TS80；冷数据集群使用高存储量的 SATA 存储机型 TS6/TS60。其中，TS8/80 使用 SSD 盘，作 RAID5 的情况下，最大存储量为 2.4T，极限随机 IOPS 可达到 50000 次，TB 访问量可达到 2w 次 /s。

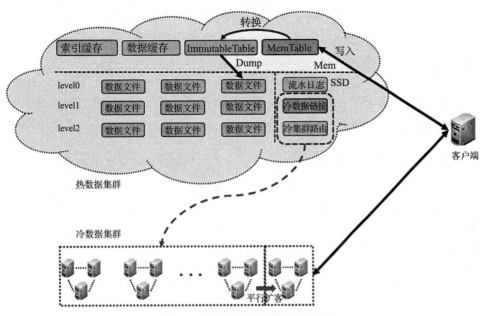

图 7.4　朋友圈冷热数据集群架构

TS6/TS60 使用机械 SATA 盘，每台机器 12 块，单块盘容量为 2T，测试并发情况下极限 iops 不到 200 次。No Raid 情况下总容量为 24T，极限随机 iops 为 2000 次。TB 访问量为 100 次 /s。单台 TS6/TS60 硬件的成本约为 TS8/TS80 的 70%。但定义 TB 存储成本为每 TB 数据存储对应的硬件价格，则可知在磁盘完全利用的情况下，TS6/TS60 的 TB 存储成本仅为 TS8/TS80 的 7%。满足 IOPS 要求，磁盘不能完全利用情况下，TS6 的 TB 存储成本为 TS8 的 15%。也就是说，采用冷热集群方案的存储成本可节约 85% 的成本。

在冷热集群架构上，还有很多细节的技术优化点：如满足时间序列的热数据存储结构优化（采用 LSM Tree 算法）；满足冷数据平行扩容的冷数据存储结构优化（采用单点串行写入的一致性模型），等等。

7.1.5　授权登录

微信授权登录是指用户授权第三方应用使用微信账户登录第三方应用的服务过程。第三方应用通过引导用户完成授权之后，可以通过微信提供的 API 获取用户的基本信息、关系链等相关数据。

目前微信授权登录主要用于游戏授权认证、H5 授权认证及 open 认证。由于"王者荣耀"等手游的持续火爆，仅王者荣耀微信区在线日常量就达 600 万，节假日更高达 900 万。游戏登录授权认证约占 80%。

我们发现，若登录授权模块出现故障，特别是容量不足时，类似于王者荣耀之类游戏将难以在短时间内重新拉起授权登录页面，完成授权。

原登录授权架构要保障业务稳定可用，需扩容超过 400 台以上的万兆服务器设备。通过增加机器冗余的方式显然是不合理的，这样导致在非故障期间服务器机器负载普遍偏低。

我们分析了游戏授权认证的整体架构，如图 7.5 所示。

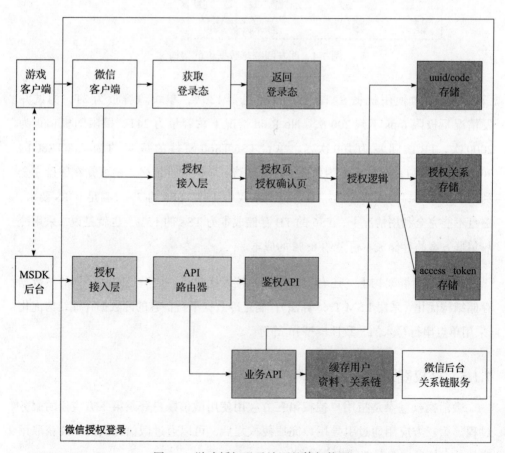

图 7.5　游戏授权登录认证整体架构图

分析与评审发现，客户端授权与 MSDK 后台鉴权都存在优化的地方：

客户端授权：拉起授权登录页面，用户点击，获取 CODE，完成授权。流程如图 7.6 所示。

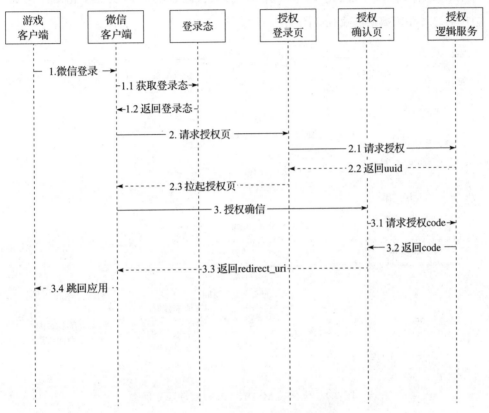

图 7.6　优化前客户端授权登录流程

当前存在可优化的问题有：

- 授权登录页的拉取和完成，流程较长，需要走 geta8key，到 uribroker，然后再走 mmbizconnect。
- 整个 H5 是没有用户登录态，所以需要 geta8key 获取用户态，并且 mmbizconnect 和 geta8key 是分开的，所以在 uribroker 中打上 passkey，然后在 bizconnect 解，有 cpu 开销。
- mmbizconnect 作为 logicsvr，渲染 h5 页面。

- 授权页和确认页是两个无状态的页面，需要后台存储一个 uuid 来关联。
- mmbizconnect 请求中，有很多没有登录态的请求，需要后台加上 wechat_redirect 来同步 geta8key，用户体验不友好。

MSDK 后台 API 鉴权：调用微信 API 接口，以 code 换取 access_token、获取用户信息等相关数据。流程如图 7.7 所示。

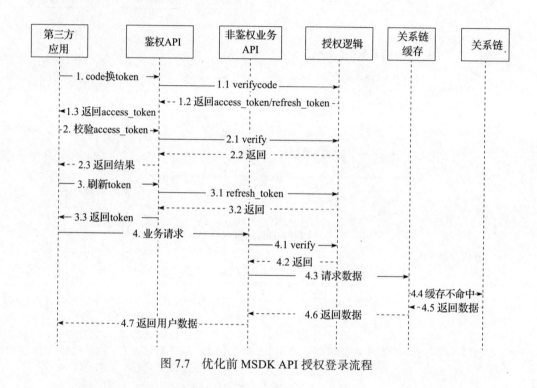

图 7.7 优化前 MSDK API 授权登录流程

当前存在可优化的问题有：

- 调用链太长，每个环节不容有错。
- mmbizapisns 逻辑太多，耦合太强，需要做隔离。
- 一些 appid 的请求量太大（如王者荣耀，全名 k 歌），需要重点隔离保护。
- 调用后台 rpc 次数较多，性能消耗大。
- access_token 的有效期对一些 app 而言比较短，需要加长一些。
- 后台用户数据缓存，如果有 cache 穿透，整个耗时将加大，影响整体性能。
- 单机性能跟不上。

因此，通过技术架构评审，推动产品研发主要做了以下精细化优化工作。

1. 授权登录页原生化

APP 授权登录采用原生页的方式，减少不必要的调用，优化流程，可减少历史授权数 90% 调用量。具体为：mmbizconnect 从 logicsvr 改为 appsvr，进行原生化，一段时间内授权过用户直接返回授权码。优化后流程如图 7.8 所示。

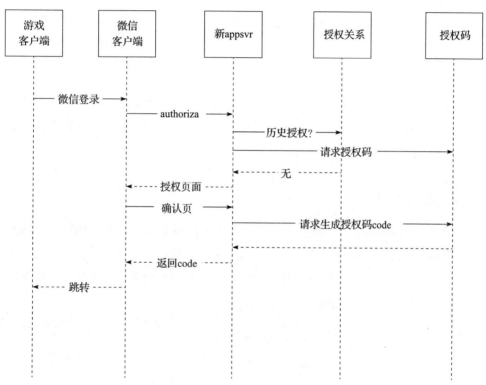

图 7.8　优化后客户端授权登录流程

2. API 接口层优化

针对王者荣耀、全名 K 歌等重点应用，采用 VIP 通道模式，进行 API 接口层优化：

1）在 API 层，针对重点应用，采用 VIP 通道模式，将逻辑功能聚合到一起，采用配置文件方式读取，减少网络开销，优化流程。

2）对 VIP 通道的应用，提供特殊的授权 api url，推动第三方进行改造，从

proxy 层直接路由，减少转发流程。

3）故障状态下直接扩容该模块，减少依赖。

3. 存储层优化

有以下步骤：

1）去掉关系链缓存，直接调用微信后台的关系链存储。存储层中的关系链缓存可直接调用微信技术架构部的关系链存储，故可以裁掉其全部机器。

2）合并 UUID/CODE 存储逻辑。授权页原生化以后，uuid 的调用和存储量将大幅度减少，再将授权码 code 存储的前端逻辑层挪到 client 中，就可以裁剪掉其机器。

通过上述技术运营精细优化，微信登录授权模块的性能大幅提升，重点业务得到有效的保障，容灾能力得到增强，同时优化下线超过 150 台万兆服务器，架构能力与标杆业务 QQ 登录鉴权能力一致。

7.1.6 游戏模块

微信游戏的积分 / 礼物模块的优化主要采取错峰填谷，是一个用好存量的案例。游戏在做拉新及保持日活运营时，每天都会发放一些积分与礼物，以吸引用户参与。这些游戏登录的积分或礼物发放一般会在零点过后。这往往导致业务模块的服务器在该时点出现业务量峰值，如图 7.9 所示。

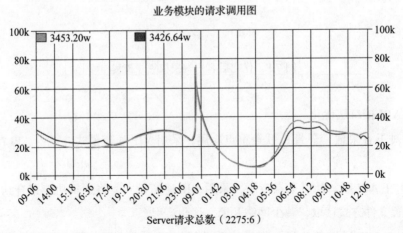

图 7.9 游戏积分 / 礼物发送模块业务量

　　单机的 CPU 使用率在总体容量不足的情况下达到瓶颈，即 80% 左右，如图 7.10 所示，同时微信微服务模块内置的过载保护机制开始生效，快速拒绝的数量大幅上升，如图 7.11 所示，这肯定对用户体验造成伤害。

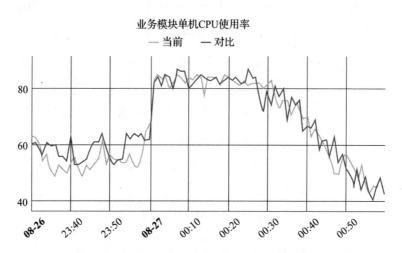

图 7.10　游戏积分 / 礼物发送模块服务器使用率

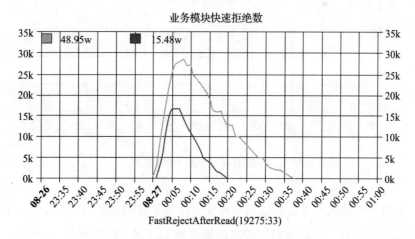

图 7.11　游戏积分 / 礼物发送模块快速拒绝业务量

　　由于技术运营人员对业务非常熟悉，在该时点，另外一个游戏接口模块，其业务峰值（晚上 8 点到 11 点）早已过去，在零点时非常空闲。从业务量（如图 7.12 所示）及 CPU 利用率上我们均可以看出来这个业务模块的特征如图 7.13 所示。

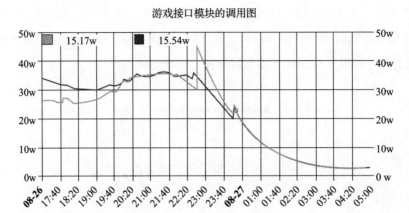

图 7.12　游戏接口模块业务量

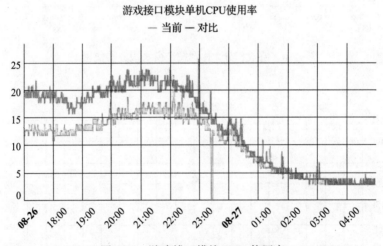

图 7.13　游戏接口模块 CPU 使用率

　　技术团队人员就考虑结合这两个模块，增加了自动部署与调度能力。在每天 23 点之后，自动在"游戏接口"模块的服务器上部署"游戏积分 / 礼物任务"模块并拉取服务，然后调度分配用户访问。

　　这时候，我们可以监控到，原"游戏积分 / 礼物任务"模块的服务器 CPU 利用率控制在 70% 左右（在瓶颈线之下，见图 7.14），新加入服务的"游戏接口"模块的服务器 CPU 利用率提升到 70% 左右（见图 7.15）。

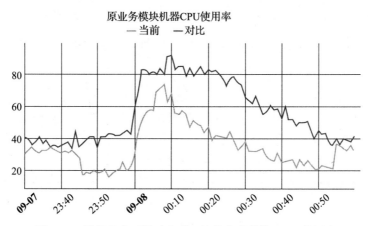

图 7.14　错峰优化后游戏积分 / 礼物发送模块 CPU 使用率

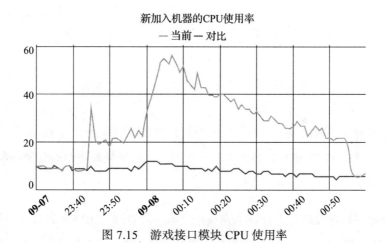

图 7.15　游戏接口模块 CPU 使用率

微信"游戏积分 / 礼物任务"模块这个微服务模块的快速拒绝的数量几乎消失（见图 7.16），用户体验有了保障。

可见，充分熟悉业务特征（单机处理能力、峰值时点），增强业务自动部署与调度管理能力，有助于错峰用好存量设备资源，提升服务器资源利用率，提升用户体验。

7.1.7　大数据平台管理

现在一般上规模的公司都会建立公司统一的大数据平台，腾讯也不例外，数据平台部建有超大规模的数据处理集群平台 TDW（腾讯分布式数仓库），包括实时计算、离线计算等，用于全公司的数据实时处理、离线分析、个性化推荐、业务计费等。

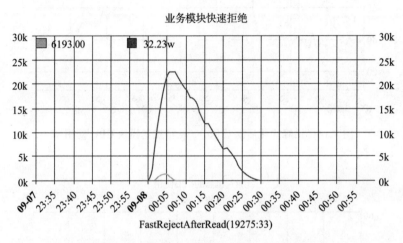

图 7.16　错峰优化前后快速拒绝业务量对比

由于移动互联网的发展，数据呈现爆炸性增长，同样腾讯的 TDW 集群规模也迅猛增长。目前 TDW 单一集群能力已达 2 万台。数据处理平台的管理与利用成为业务发展与成本优化管控的巨大挑战。

大数据平台的管理分为计算单元与存储单元的管理。2016 年以前，腾讯 TDW 集群从 CPU 利用率上看，平均达 85%。集群存储数据中，3 个月内数据占比 56%，6 个月内数据占比 70%，12 个月以上占比 16%；集群计算使用数据为：73% 为 1 个月内数据，92% 为 3 个月内数据，12 个月以上占比约 2%。

在精细化运营方面，技术运营团队实施的措施如下：

1）定义了沉默数据。沉默数据是指一定时间周期内未被访问的数据。如 2015 年 8 月，腾讯 TDW 中 3 个月以上至 1 年的沉默数据有 25PB，1 年以上的沉默数据有 14PB。

2）强化了数据存储的生命周期管理。管理规定要求：所有业务申请接入 TDW 的数据时，都需要填报"数据存储周期"。通过生命周期管理及沉默数据差异化存储，2015 年前 8 个月仅增长 23% 的存储量（见图 7.17）。

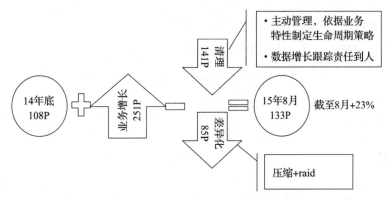

图 7.17   数据平台强化存储生命周期管理

3）通过监控大任务效率及清理无价值任务，对计算单元进行优化。对于执行时间长、扫描数据量大的任务，实施主动监控并及时通知业务进行优化，必要时进行主动清理，确保平台计算单元合理利用。在业务层面，清理两类无价值任务：长期失败任务与长期计算结果为空的任务（见表 7.1）。

表 7.1   无价值任务

任务类型	定义及描述
长期失败任务	两周内失败超过 7 次
长期计算结果为空任务	入库、计算、出库任务连续 10 个周期的计算结果为空
独立计算	不依赖入库或其他计算任务且计算结果无其他任务依赖，计算结果不出库
无价值计算	数据入库后没有被访问，或计算结果出库后没有被访问

在 2015 年前 8 个月时间内，通过监控大任务效率及清理前两类无价值任务（18398 个），已优化计算单元超过 800 个（见图 7.18）。

对于计算单元的管理，除了无价值计算外，可以通过类似于域名管理的方法来监测计算任务的有效性。即：

● 业务每申请增加一个计算任务，需要注明：用途、有效期（默认为 6 个月或 1 年）、主要责任人（任务开发人）、次要责任人（产品或运维）。

● 任务到期前一个月或一周，提醒主要责任人 renew（续期）或放弃（删除）任务。

- 任务到期后一个月为赎回期，任务继续运行，但每天提醒主要责任人及次要责任人。
- 任务过期一个月仍不续期，该任务将暂停执行。
- 任务过期 3 个月，该任务将物理删除。

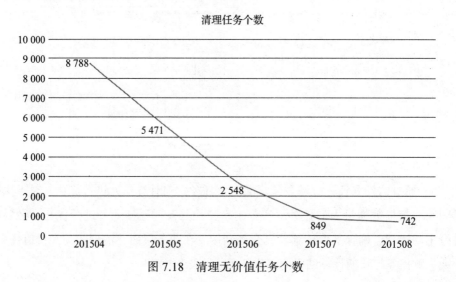

图 7.18　清理无价值任务个数

7.2　带宽资源精细化技术运营案例

随着网络的升级，用户带宽的改善，富媒体应用快速增长。对比文字，图片更具有直观性，视频让人更感同身受，但图片与视频具有"高带宽性"。现在普通手机拍摄的图片大约 2MB，一段 3 分钟的小视频大约 20MB，直接存储或传输，不仅浪费用户带宽，容易造成卡顿现象。

带宽资源的消耗，实际上涉及两端：用户端（主要是接收数据消耗）与服务端（主要是发送数据消耗）。

于用户端而言，用户越来越不在意流量的使用，但越来越担心转菊花等待、卡顿感、手机耗电、手机发热等。

于服务端而言，会在意服务器的压力（服务器的性能）、带宽运营成本的支出、产品的体验等。

如何通过技术手段，在不影响质量的前提下把图片和视频压缩到最小，手机耗电发热更少、网络传输更快，降低运营成本、提升用户体验，就是带宽资源精细化技术运营的目标。带宽资源的优化不仅仅能够直接降低网络上传输的数据，还能降低服务器的压力，也能减少网络设备甚至专线的投资，特别是移动时代，更能直接减少用户端的流量，提升产品的用户体验。因此，相比设备资源优化，带宽资源优化更能帮助产品体验的改善、用户价值的提升、运营成本的优化。也就是说，带宽优化更能彰显**技术的优美与价值、产品的用心与极致**。

7.2.1　带宽资源精细化技术运营要点

同样，我们先列出上一章已提到过的带宽资源精细化技术运营要点：

第一步：从业务视角梳理清楚带宽构成，确定带宽消耗大头业务。

第二步：按业务建立带宽资源模型，明确带宽消耗因子。

第三步：从以下精细化技术运营评估点上逐个检查评估。

1）减调用量类：

- 是否可减少不合理 / 不必要的调用请求量（如盗链、色情、重复）。
- 是否可使用客户端缓存数据。
- 是否有中转调用或多次代理访问。
- 是否可启用 P2P 访问。

2）减数据传输大小类：

- 是否可以减小每次请求的数据量。
- 是否可以减少传输大小（如压缩、编码格式）。
- 是否可以使用缓存控制，按需请求。

3）削峰类：

- 业务是否可以适当削峰（如高峰期降码率）。
- 是否可以错峰使用（如预下载、灰度推送更新包）。

第四步：从管理策略与措施上进行提升，包括：

- 是否可使用更便宜的带宽类型（如 CDN 或合作免费带宽）。
- 是否可以调整产品策略。

根据以上思路，我们将通过业务实际案例来阐述如何进行带宽资源精细化技术运营。

> **注意：** 这里的带宽资源专指 IDC 出口带宽。

7.2.2 公众号图片

大家都知道微信有很多公众号（服务号、订阅号），我们每天在微信里有大部分时间是在看这些公众号的文章（见图 7.19），包括在朋友圈、"看一看"中阅读。

这些公众号文章，也称公众平台图文消息，是通过哪些途径触达到用户呢？主要有公众号推送、好友消息或群分享，朋友圈分享、看一看、搜一搜等。由于文章量及阅读者众多，公众平台每天消耗的带宽在 500G 左右，显然这些带宽的消耗，最主要来自于文章中的图片上，但图片不仅仅是文章中的图，还包括图 7.19 示例的"封图"及"缩略图"。

图 7.19　微信订阅号图文消息示例

作为技术运营而言，带宽主要用在图片上，显然不够精细。按照带宽精细化运营方法论，技术运营团队把图片带宽再做一些分解：按尺寸、不同类型的格式、来源等三个纬度将带宽进行拆解，即梳理清楚 500G 带宽，大图占了多少，哪种图占的比较多，来自哪里？见图 7.20。

通过梳理发现有以下几个问题：

- 早期公众号中的图片没有区分规格，无论显示尺寸多少，均为原图。
- 图片编码格式，基本以 JPEG 为主。
- 带宽来源的场景主要在于正文与会话框。

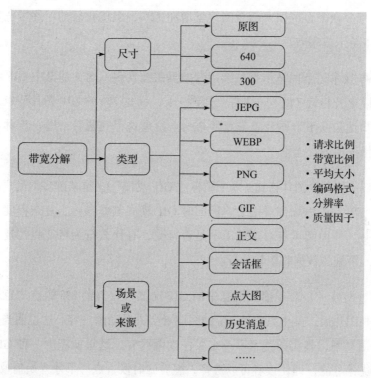

图 7.20   公众平台带宽分解

同时为跟进后续优化验证效果，建立了三个维度的多项运营数据监测，包括：请求比例、带宽占比。对于图片类型与图片尺寸大小，分别监测平均大小的变化。

2015 年，技术团队通过数据分析，提出优化方案，最终实现以下优化措施，达成相应的优化量，如表 7.2 所示

表 7.2   2015 年公众号图片优化项及优化效果

优化项	优化效果（优化后节省带宽占比）
Jpeg 转 webp	−20%
对话框原图改 640/300	−20%
缩略图 300 改 150	−4%
实施防盗链	−2%
非 GIF 原图改为 640	−1.40%
JPEG 质量因子优化	−8%
PNG 优化	−2.90%
GIF 减色优化	−1.60%

2015 年公众平台的图文消息阅读量增加 72%，但优化后的年终带宽量与年初带宽量基本持平或略减。

2016 年技术运营团队依据持续运营数据跟踪发现，图文消息中 GIF 图片请求量虽呈略微上升趋势（由 5% 左右上升到 7%），而这 7% 的 GIF 图片请求，消耗的带宽占比却达公众平台图片总带宽的 70%。发现这个问题后，进一步对 GIF 图片进行精细化技术运营优化。

GIF 是一种动画图片格式（以下简称"GIF 动图"），越来越多的用户在图文消息中使用 GIF 动图以增加吸引力，但同时 GIF 动图制作参数、复杂程度又参差不齐，不统一。然而阅读者对这种动图是否接受，有什么行为特征呢？技术运营团队进行深入精细的数据收集与分析。

研究数据显示，对于图文消息中的 GIF 动图，只有约 8% 的点击意愿。即看到这个动画图片后，其中只有约 8% 的阅读者会去看动画内容。这说明当公众号文章大量使用动图，其实阅读者不一定关注动画内容。这里就产生一种 GIF 动画点击观看的优化可能，即让读者可以选择，想看的时候，点一下才开始播放动画（见图 7.21）。

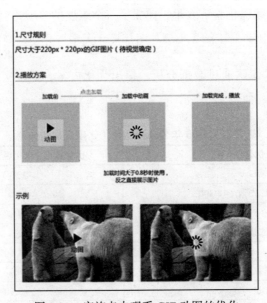

图 7.21 实施点击观看 GIF 动图的优化

另外，对于一些动画帧率过高、颜色过多的教学类 GIF 动画，还可以通过 GIF 减帧和减色进一步优化（见图 7.22），仅保留关键动画内容，大幅减小了 GIF 动图的大小，降低了 GIF 动画的带宽占比，提升了用户的阅读体验。

图 7.22　通过减帧和减色优化 GIF 动画的大小

7.2.3　C2C 视频

随着用户端带宽的提升、便利拍摄终端的普及、存储介质价格降低而容量增加等因素，用户越来越愿意使用视频来展现信息与内容。相信大家已经发现微信里面的视频类消息越来越多。我们将微信里用户间传送的视频消息，称之为 C2C 视频（Customer to Customer）。

统计发展，微信内视频类带宽消耗占比越来越大，由 2015 年的 47%，提升至 2016 年的 67%（见图 7.23）。

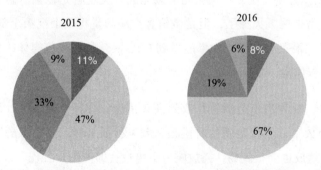

图 7.23　微信视频类带宽资源消耗占比

微信里视频带宽占比巨大，极大关系到用户访问体验与运营成本，适宜长期进行精细化技术优化。实际上，技术运营团队在 2016 年，针对 C2C 视频进行了一系列的精细优化措施，例如：

- 提高视频压缩类。
- 合理的码率质量系数。
- 普通视频边下边播。
- 小视频关闭自动播放。
- 高峰期限速。
- 下载去重。
- 有害打击。
- 减少变种。
- 热点视频外调。

提高视频压缩类是使用精选编码库、调优编码参数或者使用新的编码格式等技术手段进行优化，减小视频最终文件大小。该优化项在 2016 年优化带宽约 3%。

使用合理的码率质量系数是指后台针对高码率的视频适当进行降码率的二次压缩，生成合理质量系数的视频，供带宽高峰期调用。

普通视频的边下边播是一项重要优化方法。早期微信版本里的消息视频观看形态是要等视频全部下载完成之后才能观看。然而这种形态下，会有这种情况：点开这个视频来观看，等了好一会儿下载完成，发现它是以前看过了，这样可能只看了 1 秒钟就把视频关掉了，但是微信客户端却是将整个视频全部拉取下来了，存在很大的带宽浪费。显然，如果能做到 C2C 视频与在线流媒体一样，做到边下边播，就能改善体验，减少浪费。

简单来讲，视频边下边播就是收到视频消息，会预下载 1 秒，用户点击一下就可以开始播放了，然后在播的时候是下载 1 秒播 1 秒，只要下的速度略快于播的速度，视频播放也会很流畅，播放响应也更快；即使用户发现不好看或者是看过的视频内容，立即关闭播放，也不会浪费带宽。数据表明，上线这个视频边下边播的技术优化，让微信 C2C 普通视频减少 40% 的带宽占用。

小视频关闭自动播放同样效果非常明显。该项优化让 C2C 小视频带宽减少了 41%。

高峰期限速主要是客户端对下载速度进行合理的限制，以及高峰期服务器端限制单个用户的下载速率，如高峰期限制服务器下载速度为 512kbps。该项优化带宽比例接近 19%。

下载去重是指客户端会依据视频的 MD5 建立索引，防止同一个视频在不同的群里重复发送，导致重复下载。该项优化带宽比例达 12%。

有害打击是指通过技术手段对有害群（如赌博、色情、低俗等）限速、封群、封号等处理。该项优化带宽比例接近 5%。

视频变种指的是 C2C 视频在用户间流转时，由于各种终端的不同或用户轻微调整，导致相同内容的视频呈现出多个版本的情形（如图 7.24 所示）。视频变种的大量存在，不仅使得服务器存储消耗增加，同时加速效果不明显，CDN 回源带宽大幅增加，因此，有效减少变种对于降低运营成本很有帮助。

图 7.24　视频变种很容易产生

减少变种的最终解决办法是设计了创新的算法，将这个视频的重要信息提取出来，构造出一种独特的、全球唯一的视频特征。当然很难做到 100% 减掉这种变种，但解决掉了其中 90% 以上的变种。

热点视频尽可能外调到 CDN 节点（在腾讯公司，CDN 节点又称为 OC 节点，即 Outer Center 节点），因为 CDN 带宽较 DC 点带宽价格便宜得多。同时，对于逐步变冷的视频，优化使用新的 302 跳转架构，减少 CDN 回源带宽的浪费（见图 7.25）。

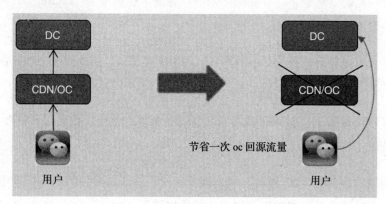

图 7.25　使用 302 跳转减少冷视频回源带宽

7.2.4　朋友圈融合视频

微信朋友圈为用户提供了展示想法、信息、情景、状态及点评的功能。随着智能终端的性能提升、功能增强及用户带宽速度的提高、资费下降等因素，用户通过朋友圈分享图片、视频等富媒体内容的诉求越来越普遍，因此，朋友圈视频的用户体验非常重要。

朋友圈视频的用户体验提升要考虑：视频的尺寸、清晰度及播放流畅度、互动性要求。我们可以看到，微信在 2016 年底将朋友圈视频的尺寸由 320×200 提升到了屏幕全屏，同时码率也提升到了 1000kbps 以上。这就是朋友圈融合视频。

但同时由于朋友圈访问量巨大，视频请求量持续增长，融合视频的上线，视频文件大小较之前增大 4 倍。随之而来的是对网络要求更高、加载的时间更长，也使得朋友圈视频的带宽消耗飚升，给运营成本带来巨大挑战，持续精细化技术运营必不可少。在近两年，技术运营团队实施了多种精细运营优化措施，例如：

- 关闭朋友圈小视频自动播放。
- 动态码率调整
- 边下边播
- 错峰预加载
- 提升压缩率

　　关闭朋友圈小视频自动播放。早期微信版本的朋友圈小视频实施自动播放的产品策略，播放流畅快速，总体体验不错，它可以有效提高用户的活跃度与参与度。但某些情况下体验也不好，特别是大家发小视频比较多的情况下（比如现场看演唱会时发朋友圈小视频），满屏的小视频都在那里自动播放，会给用户造成很眼花缭乱的感觉。数据显示，关闭小视频播放策略，可以节省约 50% 的带宽量（见图 7.26）。

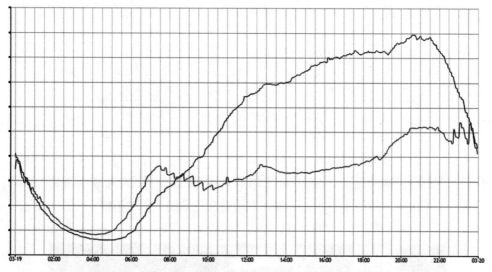

图 7.26　朋友圈融合视频关闭自动播放与否带宽用量示意图

　　在平衡用户参与度与关闭自动播放效果之间，细化的产品策略包括：提供选项让用户配置是否自动播放；仅在高峰期关闭自动播放等。现在的微信新版本，已经上线默认关闭自动播放的功能，即需要点击之后才能播放。

　　为满足用户日益增长的清晰度要求，以及加大力度支持原创视频，朋友圈融合视频码率提升至 1600kbps。为平衡运营成本，经过分析，可依据视频内容动态变化程度，适配更合适的码率，预计动态变化小的视频，可保持在 1000 ～ 1200kbps，而不会影响视频的质量。这就是朋友圈视频码率动态调整优化。

　　朋友圈融合视频边下边播是 C2C 视频边下边播的延伸。与 C2C 视频边下边播类似，按播放进度播一秒再下一秒，避免用户主动提前关闭视频的带来带宽浪费，详细情况可参考上一节内容。

错峰预加载是指预测高峰期访问行为，闲时预先加载。通过分析用户的行为习惯（见图 7.27），针对点击意愿高的用户进行预先加载，减少高峰期的访问量，同时也可以减少忙时网络卡顿带来的影响，提升用户体验。

时间	Oh 到 1h	lh 到 2h	2h 到 3h	3h 到 4h	4h 到 5h	5h 到 6h	6h 到 7h	7h 到 8h	8h 及以上	可预加载比例
18:**	51.09%	14.10%	8.20%	5.58%	3.77%	2.62%	1.99%	1.42%	11.24%	
19:**	51.53%	13.16%	7.10%	4.96%	3.67%	2.62%	1.95%	1.59%	13.43%	35.05%
20:**	50.51%	13.52%	6.76%	4.39%	3.33%	2.61%	2.00%	1.55%	15.32%	20.64%
21:**	47.39%	14.25%	7.49%	4.55%	3.25%	2.58%	2.11%	1.62%	16.76%	14.11%
22:**	43.66%	13.22%	8.11%	5.29%	3.50%	2.63%	2.18%	1.86%	19.53%	10.18%
全天总计	50.08%	13.39%	6.91%	4.26%	2.86%	2.08%	1.67%	1.46%	17.30%	
说明：下载朋友圈小视频的用户中，wifi 用户占比约 70%，与时间差关系不大。										

图 7.27　朋友圈视频播放用户行为习惯分析

通过使用调优的编码格式、开启宏块 QP 预分析、后台二次压缩等技术优化进行朋友圈融合视频的压缩率提升。例如开启宏块 QP 预分析优化是指：通过将画面分成一个个大小不同的块（宏块），在不同位置实行不同的压缩策略（见图 7.28）。

图 7.28　视频宏块 QP 预分析

在视频编码中，一个编码图像通常划分成若干宏块组成，一个宏块由一个亮度像素块和附加的两个色度像素块组成。一般来说，亮度块为 16x16 大小的像素块，而两个色度图像像素块的大小依据其图像的采样格式而定。每个图象中，若干宏块被排列成片的形式，视频编码算法以宏块为单位，逐个宏块进行编码，组织成连续的视频码流。

开启宏块 QP 控制算法，可提升宏块压缩率的 8.5%。

7.2.5　视频 P2P

P2P（Peer-to-Peer：对等网络互联技术）是一种网络技术，依赖网络中参与者的计算、存储与带宽能力，实现分布式计算、数据传输或数据共享（见图 7.29）。显然 P2P 网络技术有助于提升数据访问的效率与存储的可靠性，减少服务提供方的资源（设备与带宽）投入，它广泛用于文件分享、下载、视频点播、视频直播、VOIP 等场景。

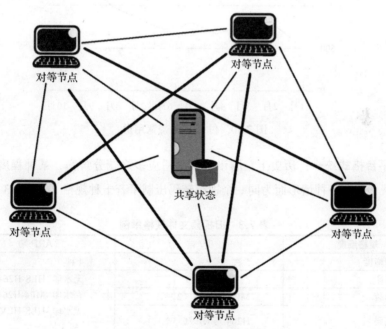

图 7.29　P2P 网络技术示意图

腾讯视频的点播与直播等服务，必然也需要使用 P2P 技术来降低运营成本投入，而且几乎是伴随腾讯视频业务上线时就同步使用了 P2P 技术。同样，针对 P2P 技术也进行了精细化运营，主要措施有：

- 增加 P2P 应用场景。
- 全平台格式统一。
- 预推资源。
- 高质量选种。
- 传输协议优化。

增加 P2P 应用场景：例如，在新闻视频和快报短视频等业务中加入 P2P 组件，在高等级用户中启用 P2P 等。例如通过优化 P2P 头部加载、引入播放预测、码率自适应等技术，不仅使会员 P2P 开启的播放体验数据好于未开启前，P2P 得分更达到 50 分，单月带宽节省达到 1.3T 以上（见图 7.30）。

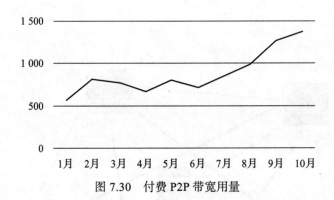

图 7.30　付费 P2P 带宽用量

全平台格式统一：历史上，腾讯视频为适应多终端分辨率，某种程度上降低带宽浪费，适配各种情形而为同一个视频转码压制了若干种规格（见表 7.3）。

表 7.3　旧视频文件规格举例

规格维度	TV 端	APP 端
清晰度	5 种	4 种
水印	有或无（2 种）	无水印 -HLS-H264
封装	MP4 与 HLS（2 种）	有水印 -MP4-H264
编码	H264 与 HEVC（2 种）	无水印 -HLS-HEVC（共 3 种）
特殊格式	+3 种	+4 种
合计文件规格数	43 种（=5*2*2+3）	16 种（=4*3+4）

对于 P2P 技术而言，越多人使用越省带宽。这么多种视频文件规格，与 P2P 技术优化却是矛盾的，种子不能公用、可用种子少，用户可提供带宽的大幅减少，

会严重降低优化效果。因此，视频文件规格及最大化公共需要取得一个平衡。这需要实施全平台的格式统一，以提升 P2P 贡献率。数据表明，全平台视频格式统一，获得了以下收益：

- 减少编码和存储设备。
- P2P 种子集中。
- TV 和 PC 使用同一格式后，实现 PC、移动、TV 端相互供血。
- CDN 边缘节点可以存储更多视频，提升用户播放质量。

预推资源：是指预测新上影片热度，预推资源至 Peer 用户端，提升用户对带宽的贡献能力（见图 7.31 所示）。

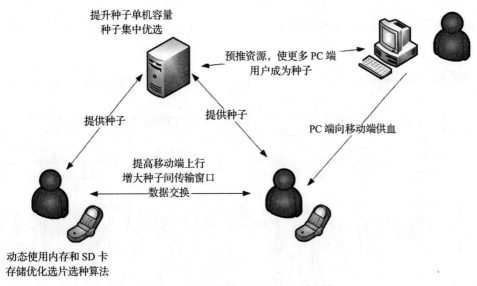

图 7.31　预推资源及扩大 Peer 端缓存

预推资源需要配合 Peer 端本地存储空间优化，可以容纳存放更多的种子数据，效果更佳。比如动态调整 P2P 内存缓存大小，由原来的固定 20M，改为动态判断，手机剩余内存小于 100M 时，使用 40%，当手机内存大于 500M 时，再使用 10% 的内存，但最大不超过 100M。引入 SD 卡播放缓存，SD 卡剩余容量大于 1G，利用 10% 用做缓存，上限 100M。

高质量选种：在 P2P 选种上，首先通过 ISP、NAT、平台类型及连接数等属性判定，过滤掉无效的种子，提升种子的可用性；其次再通过判断种子的在线时长、上传历史能力、地域等属性进行权重打分，并得到种子的质量等级，得出最优的 P2P 种子（见图 7.32）。这不仅大大减少种子连接数量及连接压力，也提升种子连接成功率。

数据表明，高质量选种措施使得种子连接总次数下降 11%，成功率提升 2%。

传输协议优化：TCP 对丢包敏感，遇到丢包会退避，退避后折半恢复，波动激烈。而 P2P 窗口机制较 TCP 更激进，因此可根据带宽与 RTT 的变化，进行 P2P 传输协议的优化，提高 P2P 传输的稳定性与恢复能力（见下图 7.33）。

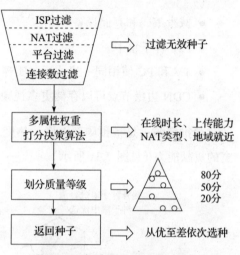

图 7.32　高质量选种流程示意图

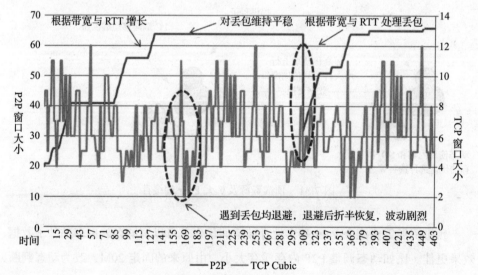

图 7.33　优化后 P2P 与 TCP 窗口大小变化对比

7.2.6　编码：AI 应用

可以使用 AI 技术对视频编码进行优化，在保证视频清晰度或获取更佳的用户观感体验的同时，优化带宽消耗。目前主要将 AI 应用于动态码率编码及 ROI（Region Of Interesting）编码优化上。

1. 动态码率

根据不同类型，不同的视频内容使用不同的码率。例如打斗激烈的使用高码率，教育讲座类采用低码率；另外对同一个视频内的不同片段采用不同的码率（见下图 7.34）。在保证清晰度不变的情况下，以影视类为例，码率平均下降 11.4%（见下图 7.35）。

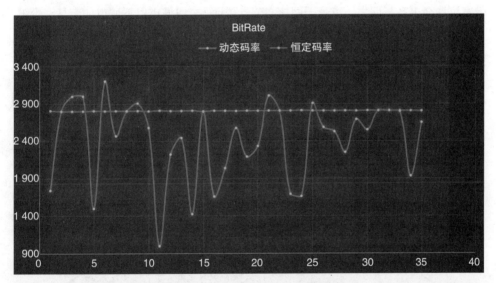

图 7.34　动态码率与恒定码率对比

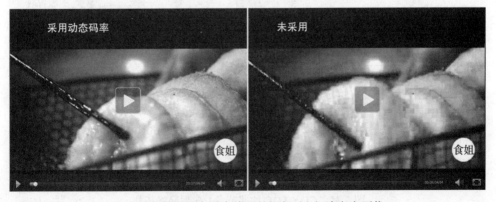

图 7.35　使用动态码率编码的视频（左）清晰度更优

2. ROI 编码

利用深度学习，将视频中的人脸识别出来，将更多码率分配在人眼感兴趣的人脸区域，弱化背景，码率不变的情况下，人脸关键区域的质量提升 3dB，低分辨率观看条件下，主观观看质量提升尤其明显。

7.2.7　DC 转 OC

从互联网的架构来看，越靠近骨干网核心节点（如北京、上海、深圳、广州等），网络带宽质量越好，可靠性与稳定性越高，这类带宽我们称之为 DC 带宽，因而 DC 带宽资费会更高；反之，离骨干网核心节点越远（二线城市以下城市如南昌、贵阳、合肥、长沙等），位于互联网网络边缘（外围）节点的带宽，我们称之为 OC 带宽，这类 OC 带宽资费相对较便宜。一般 DC 带宽资费比 OC 带宽资费贵 2 至 3 倍。

显然 DC 带宽质量高，适合用作源站，覆盖全网用户；而 OC 带宽则离本地用户近，适合用作 CDN 加速连接，服务本地用户（见图 7.36）。

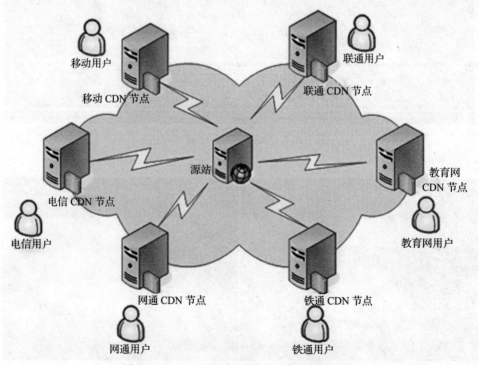

图 7.36　CDN（OC 加速节点）典型网络拓扑

互联网业务要合理优化架构，充分发挥 OC 节点网络离用户近及带宽资费价格的优势，提升用户体验并优化运营成本，即设法将 DC 带宽转为 OC 带宽服务用户。

举例而言，微信产品中的高带宽消耗业务，如 C2C 图片与视频、朋友圈图片与视频等，采取如下 DC 转 OC 的措施：

- 搭建更多的 OC 加速点，提高用户就近访问的比例，优化用户体验。
- 提升单个 OC 加速点的命中率，降低回源到 DC 的带宽。
- 搭建 SOC（超级 OC），SOC 拥有更大的存储，可 cache 更多的资源，进一步减少回源 DC 的带宽。
- SOC 到 DC 之间走内网专线而非外网，由于内网专线价格远低于外网 DC 价格，进一步优化运营成本。

再举一例，腾讯视频 TV 端视频播放服务 DC 转 OC，其技术架构优化如图 7.37 所示。

从图中可见，架构优化过程如下：

- TV 端 HLS 流式播放 DC 转 OC：通过建设大 OC 节点已经回源架构升级，先将一部分回源到 DC 的流量切换到大 OC 回源。
- 302 跳转优化：将 TV 播放时的下载文件下载模式改为通过下载组件下载，下载组件可以持 302 跳转，在给 CDN 的请求中增加可支持的标识，CDN 处理时将这部分可支持 302 跳转的请求改为 302 跳转模式，从而减少从边缘 OC 二次回吐的流量。
- 全量 OC 缓存：由于 TV 播放均为精品库视频，且精品库的存储量相对 UGC 来说小很多，通过建设一批超级大 OC 节点，以存储换带宽的方式，将精品库文件全量存储到大 OC，所有 TV 回源带宽只回源到大 OC，最大限度的减少了 DC 流量。

上述 TV 端回源 DC 转 OC 带宽优化效果也很明显：TV 端 HLS 流式播放回源 DC 转 OC，从当年 3 月开始切换，到当年 10 月，转移的带宽超过 200G（见图 7.38）。

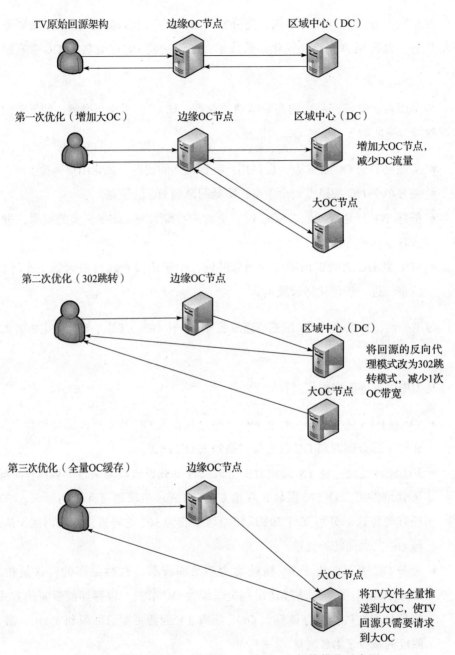

图 7.37 腾讯视频 TV 端回源 DC 转 OC 之架构优化示意图

TV 全量 OC 缓存，10 月切换，最终再次降低回源 DC 带宽超过 300G（见图 7.39）。至此，回源 DC 带宽全部转为价格更优的 OC 带宽。

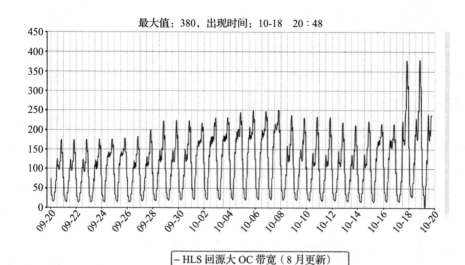

图 7.38　TV 端 HLS 回源 DC 转 OC 效果

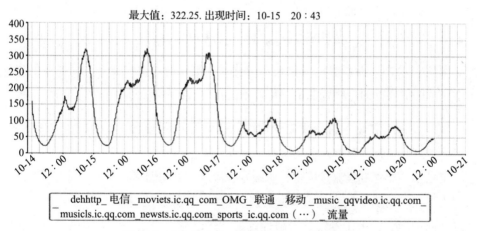

图 7.39　TV 端全量 OC 缓存减 DC 带宽效果

7.3　专线资源精细化技术运营案例

随着业务的发展体量及资源用量的增加，专线资源的运营也面临巨大挑战，主要包括：

1）专线流量快速增长，带来成本急升。基于 2015 年腾讯 DCI 流量现状及历史增长率推导，DCI 骨干环流量年增速预计高达 180%。DCI 专线流量远高于设备与带宽资源的增速，运营成本占比由原来不及 3% 上升至 6%。

2）DCI 专线建设周期长，难以匹配业务需求。DCI 专线属国家相对稀缺的资源，数量有限；同时由于跨城跨省，DCI 路径往往较长，经历节点众多。为保障专线的高可用与健壮性，每条专线还需要满足 2 条不同路由（最好是不同运营商的）。这就导致 DCI 专线的申请与建设周期非常长。当前 DCI 专线扩容升级的周期长达 6 个月，这对微信支付、大数据处理等快速增长的核心业务而言，是相当大的挑战。

3）专线管理成熟度相对落后。由于过往专线运营成本相对较小，本着"抓大放小"的原则，不是技术运营的重心。但随着近年来 DCI 专线的规模与体量上来，相比服务器设备、外网带宽而言，精细化技术运营就需要提上日程。

4）部分业务的架构对 DCI 专线依赖过高。由于腾讯 DCI 网络便捷、高速，在某种程度上可以降低业务架构的复杂性，但同时也使得业务放低了对架构的要求，过于依赖专线；加上管理手段粗放，存在随意使用、甚至滥用与乱用的情形，易造成专线过载拥塞，反过来对重要的核心业务服务造成影响。

因此，对 DCI 专线的精细化技术运营具有重要的价值与意义。同样我们先列出上一章已提到过的专线资源精细化技术运营要点：

第一步：厘清业务的专线流量构成。这里的专线与上一节的带宽有所不同，专线除了需要细分到业务外，还需要明确专线流量的方向。

第二步：建立专线流量模型，明确专线流量的影响因子。

第三步：明确专线流量的服务类别（金牌、银牌还是铜牌）。这里也与上一节带宽不同的地方，由于专线是稀缺性资源，建设与扩容的难度大、时间长，因此需要依据流量的保障级别不同，区别对待服务。

第四步：从以下精细化技术运营评估点上逐个检查评估：

1）技术架构冗余类：

- 是否可以使用更低服务级别的专线流量。
- 是否可以使用公网传输。

2）减调用量类：

- 是否可减少不合理 / 不必要的调用请求量（如重复）。
- 是否可以减少穿越。

3）减数据传输大小类：

- 是否可以减小每次请求的数据量。
- 是否可以减少传输大小（如压缩、编码格式）。

4）削峰类：

- 是否可以错峰使用。

根据以上思路，我们将通过业务实际案例来阐述如何进行专线资源精细化技术运营。

7.3.1　微信 C2C 业务：减少穿越

微信 C2C 业务是技术运营团队梳理 DCI 专线流量，按"抓大放小"的原则，发现出来的 **TOP20 流量业务之一**。

针对这个重点流量业务，运营团队与业务使用方进行沟通，深入了解其业务技术架构，传输的数据内容，探讨一切潜在可能的流量优化方案。最终与业务使用方一起，制定输出业务 DCI 流量优化方案、优化目标及实施计划，并落实优化项的跟进责任人。

例如，微信 C2C 业务 DCI 专线使用架构示意如图 7.40 所示。

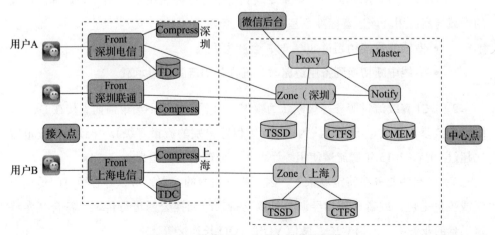

图 7.40　微信 C2C 业务专线使用架构

明确了 C2C 专线使用流量的驱动因素主要包括有：上传文件（49%）、主动推送（19%）、主动拉取（8%）、收藏下载（16%）、朋友圈小视频回源（6%）。

据此，运营团队协同业务使用方制定优化方案与目标如表7.4所示。

表 7.4　2016 微信 C2C DCI 专线优化计划

	现状 （201510）	2016Q1 预估	2016Q4 预估	主要优化手段或策略	应急 预案
骨干环	68	80	134	预估优化目标：-34G。 1）front 分布超级 OC，覆盖就近用户 上传下载，OC 覆盖（上传、下载） 2）热点视频外调 OC（下载） 3）收藏调整架构集中分布上海 4）朋友圈小视频天津点废弃	支持全量 切公网
华南环	51	40	47	预估优化目标：-12G。 规整：接入、逻辑与存储同园区	支持全量 切公网

最终，在 DCI 骨干环专线的优化上，微信 C2C 业务优化减少专线流量达 50G。

7.3.2　服务管理：差异化

在评估专线利用率及服务等级、梳理业务流量及其主要场景与传输内容时，要对现状的合理性提出挑战，包括管理规范与技术标准，并探讨是否有优化空间。例如，在腾讯 DCI 专线流理梳理评估时就发现以下问题：

1）DCI 专线利用率标准：单条专线利用率总体控制在 40% 以下，以保障专线的承载与高可用。该运营标准系基于以下 2 点考虑：

- 专线流量使用超过 80% 时，会产生丢包。
- 专线中断切换到备用链路时，确保备用链路仍可承载。

2）DCI 专线流量服务等级默认为银牌。由于业务可不经申请而直接在 DCI 专线上跑流量，且流量等级默认为银牌（需保障级别的流量等级），导致金银流量占比超过 90%。2015 年底流量使用统计表明，金银铜流量比为 3∶6∶1。

3）而有些业务在特定场景下，因其传输内容的特点，可以容忍短时间传输中断或少量丢包，或者其架构经调整可以支持临时切换公网进行传输。符合某些特定场景的业务有：微信 C2C、微信 VOIP、QQ 长连接等。

4）按照运营商的 SLA，专线常态下绝大多数情况下是可用的，即专线故障或过载的情况较少且恢复时间较快。

本着持续推进架构能力提升与运营成本优化的原则，运营团队提出了 DCI 专线运营管理的一些新思路：

1）更新铜牌流量保障等级的定义：即需要长期低成本传输或临时使用的流量；平时跑在专线上，专线 / 设备故障情况下，尽力传输，不做保障。可这要求铜牌业务可忍受临时中断或架构上支持临时切换为公网传输（见表 7.5）。

表 7.5　DCI 服务分级表

服务等	（丢包率）	可用率	适用业务类型及保障说明
金牌	< 2%	99.50%	承载关键的 / 需要时时通信的专线流量
			专线 / 设备故障情况下，金牌流量始终跑在专线上
银牌	< 2%	99.00%	承载对可用性要求不高，能接受短时间质量变差的流量，专线 / 设备故障情况下，银牌流量可能会线行
铜牌	< 3%	99.00%	承载需要长期低成本传输或临时使用的流量
			平时跑在专线上，专线 / 设备故障情况下，尽力传输，不做何障

2）专线常态可用时，新铜牌由专线承载；但专线故障或过载情况下，部分铜牌临时将由业务切至公网运行（只需切走部分铜牌流量，使于总专线流量降低至安全运营线以下即可）。

3）业务使用 DCI 专线高保障等级流量，也需要象使用设备与带宽预算一样，需要一个审批流程，而未经申请也可以直接使用，但默认流量保障等级为铜牌。这样也推动业务使用方持续优化架构，谨慎使用高等级保障的流量。

经场景化区分业务流量，更新铜牌流量定义，使得专线理论利用率由原来的 40% 大幅提升到 80%：即高等级保障流量（金牌＋银牌）不超过 40% 以及专线总承载流量（金牌＋银牌＋铜牌）不超过 80%。

明确上面 3 点思路后，运营团队更新了 DCI 专线资源使用流程与规范。在完成业务使用方的宣导后，优先推动完成 TOP20 DCI 专线流量业务如微信 C2C、微信 VOIP、QQ 长连接、手 Q 多媒体、QQ 相册等业务的金银转铜工作，最终一年的时间内，金银高等级保障流量转为铜牌等级流量高达 170G 以上。

从图 7.41 骨干环专线业务流量走势也可以看到，DCI 骨干环专线铜牌流量在一年内得到大幅提升，需要重点保障的金银流量则保持了相对稳定。业务的架构能力提到优化，同时对重点业务提供了有力的发展保障。

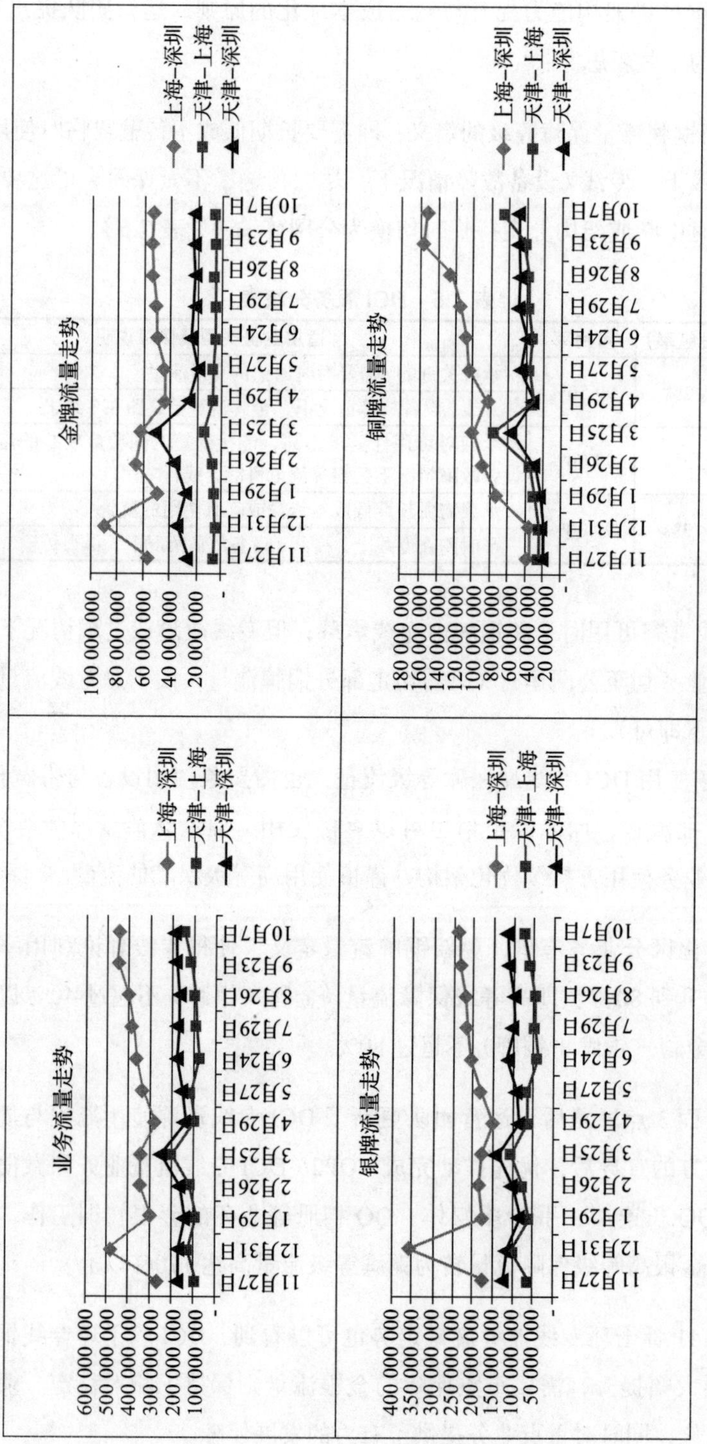

图 7.41 骨干环专线业务流量走势

图中显示，DCI 骨干环专线铜牌流量一年内约 80G 增长到接近 300G，铜牌占比由原来的 10% 提升到 30% 以上。

与此同时，重点流量业务如微信 C2C、微信 VOIP、QQ 长连接等业务具备了 DCI 专线故障情况下自动切外网的能力，其容灾架构也得到了明显的改善与优化。

7.3.3 数据仓库：流量削峰

TDW（Tencent distributed Data Warehouse）是腾讯数据平台提供的数据仓库服务，是公司级的核心大数据存储和数据计算平台。TDW 基于开源软件 Hadoop 和 Hive 进行了大量优化和改造，结合开源工具进行开发，打破了传统数据仓库不能线性扩展、可控性差的局限，并且根据公司数据量大、计算复杂等特定情况进行深度订制。

TDW 整体框架示意见图 7.42。

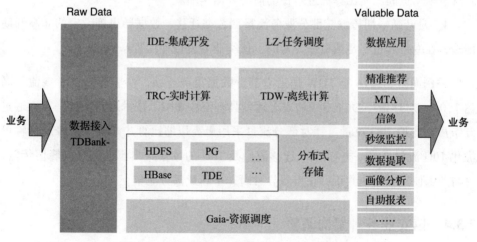

图 7.42 腾讯分布式数据仓库（TDW）框架

TDW 框架显示，其具有以下网络特征：

- 接收采集各业务的原始数据，数据存储量大，且多用于离线计算。
- 基本无外网带宽需求。

- 在分布计算时，要求在集群内设备间拉取数据，集群内流量高；为防止对生产系统影响，宜独立网络部署（设立专区）。
- 数据处理的结果与报表，业务侧需要查询或拉取。

由于使用 TDW 服务的各业务分布在全国各大 DC，这种 TDW 设备资源集中专区部署、数据采集及结果输出必然导致大量的专线流量使用。精细化技术运营需要确保 TDW 专线流量的合理使用及监控。

在 TDW 的 DCI 专线流量精细运营上，主要采取了以下措施：

1）密切监控 TDW DCI 专线流量的突发，异常时进行分析是否是常态，峰值时点及流量等级是否合理等。例如，监控到 TDW 在骨干 DCI 专线的 24G 流量有 17G 来自微信瞬发，联合业务分析明确，最终优化掉 10G 异常专线流量。

2）数据接口分布优化。依据业务特性及分布，将集群数据收集或上报的接口机优化分布，可以大大降低 DCI 专线流量穿越。

3）使用更高数据压缩比。依据业务流量数据特征及业务特性，可针对部分业务流量采用更高压缩比算法进行传输前的数据压缩。

4）避开高峰期传输。部分业务流量如数据迁移、数据导出等设定的非高峰期传输，在专线容量不足或专线异常时，该类业务流量可以暂停传输。

举例而言，2016 年 TDW 适逢有部分数据集群迁移，在华南 DCI 专线流量高达 150G，对华南环 DCI 专线的安全运营具有潜在影响。技术运营团队一方面通过分布可优化掉 20G 流量，针对部分流量采用更高压缩比算法及避开高峰期传输可优化 10G 流量，另一方面 60G 迁移流量及 10G 的数据导出流量避开高峰值传输，并与业务使用方达成共识，在专线异常时，中断此部分流量。

7.3.4 信安业务：架构调整

信安业务是公司级的内容安全平台服务，如鉴黄服务，其业务架构示意如图 7.43。

从图中可见，信安业务与 TDW 有类似之处，不同之处是信安业务不需要专有的网络及集中的专区，可以随业务调整及部署。技术运营团队发现，信安业务 DCI 专线流量有快速上涨趋势，骨干 DCI 专线流量超过 80G（双向），联合业务使用方，发现以下问题：

- 信安业务服务版本过多。因历史原因及业务特性关系，信安业务服务版本过多，数量超过 50 个，不仅维护困难，也难以标识服务等级。
- 相同内容重复拉取。即使内容相同，信安业务针对每次请求都会从源站重新下载，导致重复拉取。
- 内部模块分布不合理。内部服务跨地区调度复杂，带来各种专线流量穿越。

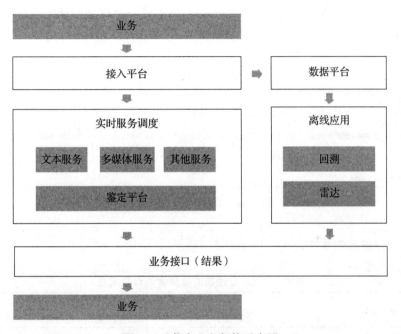

图 7.43 信安业务架构示意图

针对问题，展开精细技术运营的措施如下：

1）合并服务版本，收归三类集群，同时梳理建立合理的产品规划方案，区分标识专线流量服务等级，提升服务质量。

2）优化下载服务。尽可能避免或降低业务场景从源站的重复下载拉取。

3）优化业务逻辑或业务部署。依据源业务分布，合理部署各类集群及合理分布集群内各模块，减少流量穿越。

经过精细技术运营，仅微信场景的信安业务，DCI 专线流量就减少 20%，同时有数据表明，从业务保障上看，服务可用性提升到 99.9%。

7.3.5 管理规范：建立完善

为确保业务正确使用流量等级、演练专线故障或过载的应急预案以及验证业务灾容架构能力，需要建立不定期举行的 DCI 专线例行演习制度。

2016 年全年技术运营团队组织业务方实施 5 次以上大型专线中断演习，验证专线大流量业务例如微信 C2C、微信 VOIP、QQ 长连接业务容灾切换能力，找出不合理地方，推动业务改进架构能力。通过演习进一步促进业务完善专线异常情况下的应急预案（参见图 7.44）。

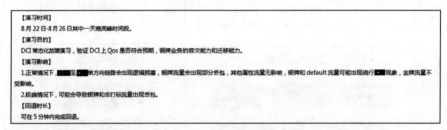

【演习时间】
8 月 22 日-8 月 26 日其中一天晚高峰时间段。
【演习目的】
DCI 常态化故障演习，验证 DCI 上 Qos 是否符合预期，铜牌业务的容灾能力和迁移能力。
【演习影响】
1.正常情况下，███至█单方向链路会出现逻辑拥塞，铜牌流量会出现部分丢包，其他属性流量无影响，银牌和 default 流量可能出现绕行██现象，金牌流量不受影响。
2.极端情况下，可能会导致银牌和非打标流量出现丢包。
【回退时长】
可在 5 分钟内完成回退。

图 7.44　通知故障演习邮件

演习结果举例参见表 7.6。

表 7.6　DCI 专线拥塞故障演习结果汇总

演习目的	8 月 23 日演习结果			
	迁移能力	迁移流量	迁移耗时	业务影响
微信 C2C 业务迁移	部分自动迁移失败，自主迁移	12	2 分钟	有感知
VOIP 业务迁移	自动迁移	—	—	无
即通长链接业务迁移	自动迁移	—	—	无
无线云安全	自动迁移	—	—	无
DCI 金银铜 Qos 验证	铜牌业务丢包、金银牌业务无影响，Qos 符合预期。			

为确保业务正确使用 DCI 专线流量服务等级，制定并发布公司《DCI 专线运营管理办法》，规范专线的管理与使用。

同时，我们建立并完善了 DCI 专线资源使用的审批流程，要求业务使用高等级保障（金牌或银牌）流量或需要变更服务等级（比如铜牌提升到银牌或金牌），按流程进行申请，同时结合业务指标给出专线用量及推导过程（见图 7.45），确保 DCI 专线资源合理使用。

图 7.45　DCI 专线资源申请审批流程

专线资源需求申请提单示例如图 7.46 所示。

图 7.46　DCI 资源打标申请表

当然业务不经申请也可使用专线资源，但默认流量保障等级为铜牌。

7.4　本章小结

本章内容是精细化技术运营的实战案例分析，是第 6 章方法论内容的最佳实践。我们通过近 20 个业务场景案例，帮助大家熟悉精细化技术运营的手段，及如何结合业务进行执行落地。

运营支持

工欲善其事，必先利其器。
——《论语·卫灵公》

要做好技术运营，离不开相应的数据说明、运营工具或系统等。传统意义上运维经常会忽略这一点。恰当而有效的运营支撑，对于卓越技术运营是必不可少的。我们从以下三方面来讨论运营支持：

- 数据支持。
- 工具或系统支持。
- 以业务为导向的服务提升。

8.1 数据支持

技术运营离不开数据支撑。无论是产品体验质量、业务指标、资源数量、利用率等等，还是数据分析之后的资源模型建立、容量管理、优化措施，又或是精细化运营之后的优化效果、质量差异等等，无一例外都需要用数据来说明、验证、体现。

我们在前面几章中提到的资源规划、资源供应、预核算分析、资源模型等技术运营内容，都大量应用了数据支撑。可以说，数据支撑是卓越技术运营的基础。

8.1.1　数据的定义

数据（data）是事实或观察的结果，是对客观事物的逻辑归纳，是用于表示客观事物的未经加工的原始素材。数据不仅指狭义上的数字，还可以是具有一定意义的文字、字母、数字符号的组合、图形、图像、视频、音频等；也可以是客观事物的属性、数量、位置及其相互关系的抽象表示。

数据分三种类型，一种叫结构化数据，一种叫非结构化数据，还有一种叫半结构化数据。结构化数据有固定格式和有限长度，例如填的表格就是结构化数据，国籍：中华人民共和国，民族：汉，性别：男，这都叫结构化数据。现在越来越多地使用非结构化数据，就是不定长，无固定格式的数据，例如网页，有时候非常长，有时候几句话就没了，例如语音、视频都是非结构化数据。半结构化数据是一些 XML 或者 HTML 格式的数据。

孤立的数据本身没有意义，数据需要配合数据解释（语义）才能成为有价值的信息。数据是信息的表达、载体，信息是数据的内涵，是形与质的关系。

信息会包含很多规律，我们需要从信息中将规律总结出来，成为知识。信息是很多的，有些人从信息中看到了电商的未来，有些人则看到了直播的未来，但也有很多人没有从信息中提取出知识，相当于白看，只是互联网信息滚滚大潮中的看客。有了知识，然后利用这些知识去实战，做得好将转化成智慧。有知识并不一定有智慧，例如很多学者很有知识，对已经发生的事情从各个角度分析的头头是道，但一到实干就歇菜，这就是没有将知识转化成智慧。很多创业者之所以伟大，就是因为有智慧，他们能将知识应用于实践，最后做了很大的事业。

明确了数据与信息的关系之后，我们就有了关于数据两个方向探索的可能性：

- 向左，我们要掌握了解某个信息，需要研究如何定义数据、如何采集数据；这里面涉及对数据的要求、来源、规划的管理，以及数据采集、存储的实现。
- 向右，通过数据进行建模，分析其内涵的信息。这是数据的分析与应用。

这两方面都是数据运营支撑必不可少的工作。

8.1.2　数据的采集

定义好了数据要求与规划，就要进行数据采集。数据采集一般遵循两个原则：宜早不宜晚，宜全不宜少。

- 宜早不宜晚，是指产品从创立阶段，就需要有意识地开始采集数据。由于数据支撑需要贯穿产品运营的全阶段，数据采集的时间维度非常重要。
- 宜全不宜少，是指只有不合适的数据，没有烂数据。历史数据、变更记录、性能指标等，都有价值。

我们举一个金融产品的例子。金融产品的征信系统会详细记录用户的行为，用户在借贷时上传担保资料，会记录用户在这些页面的操作步骤和时间。一般系统设计时会考虑这样的行为假设：上传担保资料普通人一定是谨慎小心的，操作会比较慢。如果这步骤完成得非常顺畅快速，则很可能是会违约和欠款的人群：操作那么溜，是不是想捞一笔？属于熟练工作案？征信系统会就把这些数据作为特征判断风险。

一般地，需要收集的数据能划分成五个主要类型：行为数据、业务数据、资源成本数据、流量数据、外部数据。见图 8.1。

数据收集　　行为数据　　　业务数据　　　资源成本数据　　　流量数据　　　外部数据

图 8.1　数据收集的类型

1. 行为数据

行为数据是记录用户在产品上一系列操作行为的集合，按时间顺序记录。用户打开 APP，点击菜单，浏览页面是行为；用户收藏歌曲、循环播放歌曲，快进跳过歌曲也是行为。行为数据的核心是描述哪个用户在哪个时间点、哪个地方，以哪种方式完成了哪类操作。

我们可以利用其分析用户的偏好，页面停留时间的长短，浏览的频繁程度，点赞与否，都可以成为业务依据。另外一方面，用户行为也是用户运营体系的基础，按不同行为，如购买、评论、回复、添加好友等，划分出不同层级，定义核心用户、重要用户、普通用户、潜在用户。

行为数据通过埋点技术收集。埋点有不同种的实现方式，采集到的数据内容倒是没有差别，主要以用户 ID、用户行为、行为时间戳为最主要的字段。用表格画一个简化的模型，见表 8.1。

表 8.1　行为数据模型示例

userid	active	timestamp
1	浏览首页	2017/1/22　14：03
1	浏览 A 商品页	2017/1/22　14：10
1	点击收藏	2017/1/22　14：12
2	浏览首页	2017/1/23　16：00
2	浏览 B 商品页	2017/1/23　18：27
2	浏览首页	2017/1/25　19：00

useId 用来标示用户唯一身份，通过它来确定具体用户是谁，理解成身份证号就行。active 就是具体操作的行为，需要在技术层面设置和定义；timestamp 是发生行为的时间点，示例这里只精确到分，一般会精确到毫秒。用户的行为记录应该很详细，比如浏览了什么页面，此时页面有哪些元素（因为元素是动态的，比如价格），它是半结构化的 NoSQL 形式，我这里简化了。

有时候为了技术方便，行为数据只会采集用户浏览产品的页面，像点击、滑动这类操作不记录，属于折中的方法。

除此以外，行为数据还会记录用户设备、IP、地理位置等更详细的信息。不同设备的屏幕宽度不一样，用户交互和设计体验是否会有差异和影响，怎么拿来分析？这也是数据化运营的应用之一，是宜全不宜少的体现。

2. 业务数据

业务数据在产品运营过程中伴随业务产生。比如电商产品的促销，多少用户领取了优惠券，多少优惠券被使用，优惠券用在哪个商品上，这些数据和运营息息相关又无法通过行为和流量解释，那么就归类到业务数据的范畴。

库存、用户快递地址、商品信息、商品评价、促销、好友关系链、运营活动、产品功能等都是业务数据，不同行业的业务数据是不一样的，业务数据没有固定结构。

业务数据需要后端研发人员进行配置，因为数据结构不能通用化，最好提前和研发人员打声招呼，提出需求。

3. 资源成本数据

资源与成本数据指的是产品运营过程中消耗的资源数据与运营成本等，这些数据决定了运营效率，我们在前面的章节详细讲过，在这里不再展开。

4. 流量数据

流量数据是行为数据的前辈，是 Web1.0 就兴起的概念。它一般用于网页端的记录，行为数据在产品端。流量数据和行为数据最大的差异在于，流量数据能够知道用户从哪里来，是通过搜索引擎、外链还是直接访问。这也是 SEO、SEM 以及各渠道营销的基础。

虽然现在是移动时代，Web 时代的流量数据并不过时。比如微信朋友圈的内容都是 HTML 页面，活动运营需要基于此统计效果，我们可以把它看作一类流量数据。另外，不少产品是原生 +Web 的复合框架，内置的活动页大多通过前端实现，此时即算行为，也算流量数据，当我们将活动页发送到朋友圈时，相应的统计只能依赖基于前端的流量数据来采集了。

流量数据是基于用户访问的网页端产生。主要字段为用户 ID、用户浏览页面、页面参数、时间戳四类，简化模型如表 8.2 所示。

表 8.2　流量数据模型示例

userid	url	param	timestamp
1	首页	source=baidu&city= 上海	2017/1/22　14：03
1	一级目录 A	city = 上海	2017/1/22　14：10
1	二级目录 B	city = 上海	2017/1/22　14：12
2	首页	source = SEM&city = 北京	2017/1/23　16：00
2	一级目录 C	city = 北京	2017/1/23　18：27
2	首页	city = 北京	2017/1/25　19：00

url 是我们访问的页面，以 ***.com/*** 形式记录，param 是描述这个页面的

参数，我们在页面上的搜索、属性信息会以参数的形式记录，time stamp 就是浏览器发生的时间点。和行为数据一样，如果流量数据需要更详细的统计，也是以半结构化为佳，囊括操作记录。

流量数据是活动及内容运营的重要参数。活动的转化率、文章被发到朋友圈的阅读量等，都要作为流量数据记录的，流量数据主要通过 JS 采集。

流量数据的统计已经比较成熟，Google Analytics 和百度统计都是知名的第三方工具，最为常用。不过它们不支持私有化的部署，只能提供统计，我知道这个页面有 100 人访问，但这一百人是谁不能定位，数据也无法记录在数据库中，这些数据对于数据化运营远远不够。一些新式的工具能支持更精细的数据需求，不过要收费。

如果有可靠和先进的技术手段，我们是能做到将行为数据和流量数据统一到一起，这是未来的趋势。

5. 外部数据

外部数据是一类特殊的数据，不在内部产生，而是通过第三方来源获取。比如微信公众号，用户关注后就能获取他们的地区、性别等数据。比如支付宝的芝麻信用，很多金融产品会调用。还有公开数据，像天气、人口、国民经济的相关指标。

另外一种外部数据的获取方式是爬虫，我们可以爬取豆瓣电影评分、微博内容、知乎回答、房地产信息为我们所用。第三方不可能支持你获取数据，很多时候会有防爬虫机制。它需要一定的技术支持，不属于稳定轻松的来源。

外部数据因为质量难以保证，更多是一种参考的作用，不像内部数据能产生巨大的作用。

这五类数据构成了数据化运营的基石。随着互联网公司数据化水平的提高，能够利用的数据越来越多。数据结构逐步从 SQL 到 NoSQL；信息源更加丰富，图形和声音数据越来越多；技术由单服务器演变成分布式；响应从离线批处理到实时流式，都是数据收集的挑战。

8.1.3 数据的分析

有了数据只是有了数据运营支撑的基础，数据要发挥其真正的用途，是需要将内涵解析出来，转化为信息。这就是数据的分析。

进行数据分析之前，数据必须是真实有效的。此外，面对数据，不同的人、不同的视角解析出来的信息不一样；真实的数据，也不并一定能推导出正确的结论，这其实与数据分析的目标、分析模型与方法、分析的深度与广度等有关。因此，做好数据分析，需要专业的能力。我们这里只简单地提一些方法论与框架。

首先，我们需要明确数据分析的目标或主题。比如前面章节中提到的业务规划分析、预核算分析等。

其次，选择合适的分析方法论或建立分析模型。例如，行业研究分析时常用的方法论有：

- 麦肯锡七步成诗法
- 5W2H 法
- PEST 法
- 五力分析模型
- SWOT 法
- 商业模式画布
- 生命周期理论
- AARRR 模型
- 五张 PPT 法则

最后，数据分析得出的信息，为我们下一步行动提供了决策依据。比如指明运营成本优化方向、优化结果验证等。

8.1.4 分析结果的展现

数据分析的结果可以帮助我们形成行业分析报告、建立资源模型、提供优化方向等，因此，分析结果会展现为：分析报告、运营系统或工具、运营项目等。

事实上，我们在前面章节中，已提到了很多精细化技术运营过程中数据分析结果的应用。比如利用微信收藏的资源数据与用户访问数据，推动业务优化收藏功能；对微信朋友圈视频播放用户行为习惯分析，找出带宽资源优化方向。

利用好数据运营支撑，在精细化技术运营过程可以持续打造最佳实践案例，整体过程示意如图 8.2 所示。

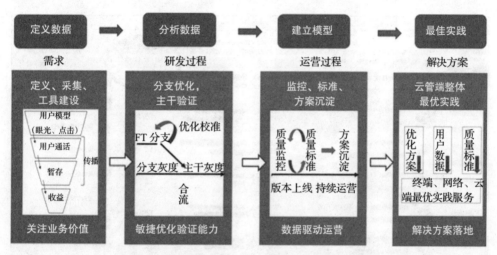

图 8.2　精细化技术运营应用数据分析结果示意图

8.2　工具或系统支持

工具或系统支持是指通过工具或系统来固化技术运营的工作行为和标准，这不仅可以让技术运营经验不断沉淀输出，大幅提高效率，解放人力，而且还可以让后来者在此基础上，持续提出优化与改进，让技术运营能力与水平的提升得到持久延续。这是一种工具文化或思维。

代表工具文化的并不仅指大型的运营系统，也包括无所不在的小工具。有些技术运营小工具针对的是一些杂活，可能使用的人不多，频率也不见得高。然而却不断蚕食员工的工作时间，带来人力的损耗。企业规模越大，分工越细，日积月累，杂活对运营效率影响就越大。由于小工具的开发往往在公司内算不上 KPI，一般也拿不到大奖，很多开发团队也不愿意投入到这个领域。但对于精细化技术运营而言，这类小工具的支撑却需要格外重视。

　　事实上，小工具的构建成本没有想像中的大，但起到的效果却格外显著。我们拿 IEG 蓝鲸的运营 PaaS 举例，在长期的技术运营过程中，特别注重小工具的支撑。两年来，在运营 PaaS 上已经逐步上线 600 多个运营小工具（见图 8.3），涵盖运维、产品、策划、运营、开发、测试、HR、行政等各个岗位。

图 8.3　蓝鲸运营小工具示例

　　其中的通道管理系统，这两年累积的开发成本也不过 30 多个小时（见图 8.4）。

　　技术运营中应当倡导这种工具文化。

　　在前面我们也提到，技术运营中涉及的预算与核算、资源利用率、规划分析等，都逐步建立了运营系统支持。例如，专线运营分析系统，依靠系统自动分析 DCI 专线运营数据，能快速地定位使用专线不合理的业务场景，在资源运营管理上发挥了极大的作用。

图 8.4　通道管理系统开发成本

8.3　以业务为导向的服务提升

随着技术运营体系的建立，支撑工具与系统的不断完善，以及精细化程度的提高，技术运营需要以业务为导向进行服务提升。以业务为导向的服务提升表现在四个方面：质量为首、效率为重、兼顾成本、安全为本。

8.3.1　质量为首

服务质量以最终服务能力来体现。最终服务能力指的是服务健壮性，取决于产品的技术架构、容灾调度，等等。

举例而言，基于场景细化某平台框架（XPF）调度策略和机制以提升服务质量。一般研发人员会认为技术运营并不需要关心 XPF 的调度策略和机制，然而技术运营人员仔细探究表明，研发人员本身对主控的更新策略、client 和 server 容错轮询策略等描述说明也并不完整，缺乏完善的容灾架构，服务质量难以保障。

技术运营推动研发查看、梳理代码，整理出 XPF 框架的容错保护机制，并演习验证。首次梳理整理 XPF 框架调度策略如下：

1）server 状态变化，registry 会立即更新至数据库，并且 registery 会每 60s 异步跟数据库更新信息。

2）client 采用随机轮训和 hash 轮训调用 server，失败连续超过 10 次，500 次内失败率高一 90% 则屏蔽掉 server，屏蔽后并且每 10s 尝试一次探测是否恢复。

3）服务会定时上报心跳给 node，如果未上报则认为服务僵死重启，后每 10 分钟尝试一次。

详情如图 8.5 所示。

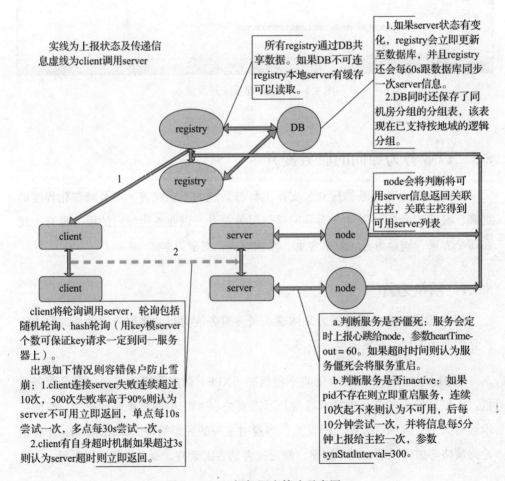

图 8.5　XPF 框架调度策略示意图

之后，在使用 XPF 框架中，由于自身框架同步调用和容错策略健壮性不够等问题，基于框架的业务仍然出现了多次运营事故，技术运营团队继续推动架构评审与改造，其中提出不管业务使用什么框架，程序架构设计要遵循以下四点原则：

1）不出现写死调用方式的架构设计。

2）需要有主控实时感知框架节点的运营状态，并且能及时剔除异常节点。

3）基于资源容量、服务状态，可动态伸缩调度。

4）尽量使用异步调用，少用同步调用。

因此，遵从上述原则，进一步优化 XPF 框架，最终使得整体业务架构容灾服务能力与质量持续提升到当前的最佳状况，参见表 8.3。

表 8.3　整体业务容灾服务质量描述

技术分层	容灾调度策略与能力	说明
接入层	最优接入调度策略：具备 10 分钟测速结合容量生成最优接入策略能力	终端 IPList+ 域名容错能力： • 域名接入业务：域名 IP 切换生效时间 5 分钟 • IPList 生效：10 分钟下发生效 • PUSH 下发：10 分钟 • 拉取：10 ～ 30 分钟
逻辑层	调度能力： • 机器故障：2 分钟（单点 / 全挂） • 高负载：4 分钟 • 告警调度：10 分钟 • 实际执行耗时：≤ 4 分钟	99 个核心模块，均开启自动伸缩调度
数据层	Cache：1 分钟主备切换能力 DB：20s 发现分钟级切换能力	DB 一主两备，跨机房容灾，proxy 自动容错
专线	问题发现能力：具备 5 分钟内发现专线异常	针对机房异常，可通过看板展示业务受影响的范围
基础资源	资源池保留宿主机总量的 6% 以应对突发事件	

服务质量必须以用户和价值为导向。通过最终用户的满意度和产品价值来建立服务质量的考核指标。

我们以分发渠道产品应用宝来举例说明。应用宝起初下载成功率只有 90% 左右，除了单纯解决下载劫持场景和提升下载功率外，需要从下载到安装到用户激活整条链路来考量。通过用户使用服务的整条链路的考量与优化，下载成功率上升到 96%（见图 8.6）。

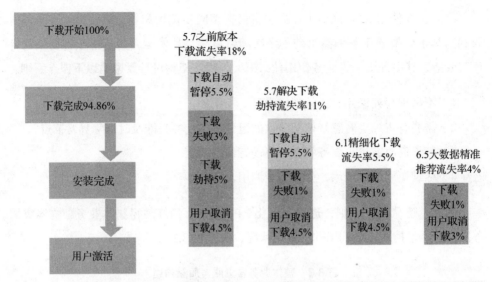

图 8.6　考量用户使用服务链路进行产品优化

只有将技术手段与产品策略需完整结合，才能给用户和产品带来最大价值。对用户体验质量的目标始终要以用户体验的结合和产品价值来进行考量（见图 8.7 示例）。

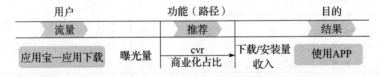

图 8.7　考量需结合产品的价值与用户的最终目的

在用户体验度量指标确定后，如何实时分析决策就是另一项关键路径。通常会遇到三个问题：

1）数据通过终端上报的实时性、清理和计算的实时性。

2）指标多（例如浏览器这类产品在设计用户体验指标时，其质量相关指标就超过 100 个）、纬度多（用户归属、产品版本、功能细项纬度几十个）、阈值随产品特性变化多，靠人工分析效率极低。

3）端到端调用分析决策链条长。

可采取的解决方法是：

- 计算实时性保障：通过客户端和 SDK 实时可配置抽样上报，基于消息队列，通过程序实时进行数据清洗，存放至时间序列服务中，进行实时计算。
- 实时计算特征模型训练（包括周期、非周期、波动、锯齿）结合调用链、基础环境、线上变更，进行收敛决策。
- 未来是 AI in all，业务的策略场景作为技术运营工程师必须清楚，机器学习只是一种工具和手段。

基于上述的解决方法就可构建整体技术方案，示意如图 8.8 所示。

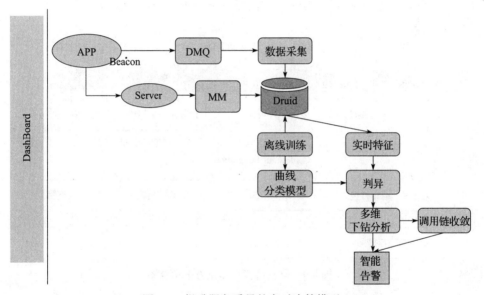

图 8.8　提升服务质量的实时决策模型

8.3.2　效率为重

在保障服务质量目标（SLO）的前提下，基于线上运营数据，通过流程和工具的持续优化，最大化产品迭代速度。

我们以手机浏览器的技术运营为例来说明。手机浏览器 2010 年开始内测阶段，彼时后台服务之间相互调用依赖，技术运营尚未深度介入，研发发布不规范，出过几次故障。

技术运营团队介入后，首要做的是理解服务逻辑，规范发布管控权限，制定发布计划。此项工作完成后，救火的事情明显减少，研发效率不降反升，迭代速度有保障。

随着手机浏览器的后台服务和开发逐渐增多，逐步完善发布流程和监控机制，收集的线上运营数据也进一步帮助优化流程与补充产品反馈。到 2015 年，技术运营团队完成了从人工控制到流程、工具支持的转变。

技术运营也在不断演进，早期由重点关注 CD（Continus Delivery）阶段，现在并重 CI（Continuous Integration）阶段，形成了整体研发运营一体化方案（见图 8.9），在保证服务质量目标（SLO）的前提下进一步提升研发效率。

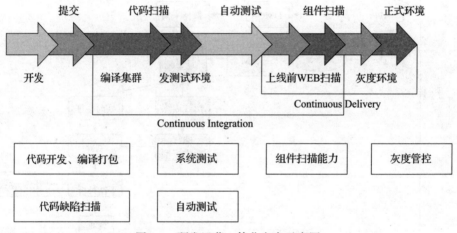

图 8.9　研发运营一体化方案示意图

8.3.3　兼顾成本

成本意识是需要贯穿每位技术运营人员的日常工作中。无论业务架构如何演变，业务消耗的资源成本都需要关注与管理。在技术运营过程中，运营成本的合理控制来自于存量业务增长及新功能、新项目的增加，既要保障业务的发展，也要确保不当的浪费。

举例而言，新一代机器翻译是 AI 类创新产品，产品初期追求性能，对于翻译的在线服务采用多线程 GPU 方案实现。而实际压测数据表明，随着线程数的增加，CPU 吞吐量也会明显下降（见图 8.10）；而用从线上数据分析发现，40 字以下的翻译占比高达 60% 以上。

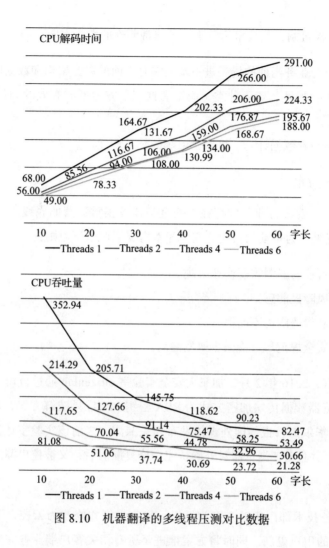

图 8.10 机器翻译的多线程压测对比数据

有了这些运营数据的分析，技术运营团队推进研发依据不同字长修改线程模型：

- 10 字以下单线程。
- 10 ~ 30 字采用 6 个线程。
- 30 字以上才使用 GPU 方案。

精细优化后的分级新机器翻译的线程模型，不仅大大提升了机器翻译性能，也大大降低了运营成本消耗。

未来，面对新的数据驱动的业务架构，理解数据架构和计算原理，建立数据资源模型和管控机制，是技术运营下一个非常明确的发力方向，例如：

- 深度结合业务当前的场景进一步加深对当前的数据架构和数据应用的理解。
- 计算平台特性、资源种类、应用场景三个方面形成有效的知识积累和模型积累。
- 主动参与到数据计算、机器学习等的技术调优。

8.3.4 安全为本

没有安全，就没有业务的存在。安全是业务正常运营的底线。合理的安全规范和策略是变被动为主动的关键。安全为本需要把握以下原则：

1）常规管控的漏洞需要快速解决。

2）外部风险提前感知。

3）内部防渗透能力不断提升。

4）使用安全规范尽可能减少研发漏洞。

举例而言，2016 年 2 月，加拿大安全实验室 citizenlab 通过公司安全平台部通报：手机浏览器数据传输加密方式为 RSA 密钥 128 位易破解方案，准备在当年 4 月 15 日通过华尔街日报等国外媒体发布相关漏洞。之前该实验室还爆过 UC 浏览器类似漏洞，并且 UC 浏览器对外确认完全修复漏洞后，又被挖出漏洞，从而引发新一轮报道。

当时业务技术部门应对方案为：提示加密强度并修改为云控，下发在一个月内完成 50% 的用户更新，同时将方案推进至所有相关客户端业务完成加密，而且要求各业务接入层都各自收敛统一，对接入层进行新一轮加密巩固。

除了技术上的应对，对外媒沟通也联合市场部、法务、国际传讯的同事应对华尔街日报的提问。应对及时并提前感知外部风险，很好地解决了该安全漏洞事件。

8.4 本章小结

本章介绍了帮助实现卓越技术运营所需要支撑手段，包括数据、工具与系统，以及提升技术运营服务的思维。

卓越运营的未来之路

俱怀逸兴壮思飞，欲上青天揽明月。

——李白（唐）

物联网、云化及人工智能使得技术应用与创新的速度越来越快，技术运营也需要着眼于未来。精细化只是整个技术运营过程中的一环，卓越运营没有终点，需要持续不断地优化、迭代与升级。

从现阶段来看，海量资源的技术运营至少还可以从以下几方面进行提升与精进：

- 云端微服务化
- 可视化
- 自动化
- 智慧化
- 区块链应用

本章将从这几个方面讨论卓越运营的思路。

9.1 云端微服务化

如今互联网技术呈现出两方面的发展趋势：云化和微服务化。云化使得我们可以享有最好的基础设施、获得与大公司同一水平线的强大技术能力、弹性扩展更强大、按需使用成本更低、更全面的安全防护与监控，业务上云成为必然趋势。数字经济时代，敏捷开发、快速迭代成为竞争常态，业务架构微服务化成为架构演进的必然结果。两者相结合使得技术运营更富挑战性。

随着公有云广泛地在各行业应用，我们基本上能够实现及时、按需获取所需资源。云资源的管理与运营（容量的发现能力和适当的处理效率），云服务的管理与监控，微服务容器管理与调度等都带来了新的问题，例如：

- 与传统 IDC 部署业务相比，微服务化的云端部署使得服务数量会大幅增加。
- 数据增多导致容器的编排、配置与资源的管理更为复杂。相对于过去只需管几台机器而言，如今如何搭配和配置各种微服务会变得更复杂。
- 业务的容量管理变得更加困难，资源利用效率难以提升。以前我们只需要监控某几台机器的使用率。如今，由于容器存在于多台服务器上，就需要对容器里各种服务的资源利用率和容量进行综合管理，同时提升它们的难度也更大了。
- 监控的颗粒度增多，依赖及关联关系更加复杂。由于微服务的增多，监控的颗粒也相应有所增加，颗粒之间的关联关系也变得更加复杂。
- 在微服务出现故障时，要有快速调度的能力，因此调度需要更精细化。

由于越来越多的服务都要经由云端处理，以通过各种容器来实现快速部署与扩展，因此云端微服务化后的资源充分利用、体验提升，是精细化运营要探索的方向。

9.2 可视化

很多时候，在日常的技术运营中，无论是对资源的管理、业务的监控与未来的预测等，都使用简单的曲线图、饼图或柱状图来展示，存在数据单一、图表过多、关联逻辑过少、晦涩难懂等不足。

事实上，我们收集的各类资源与业务数据是非常丰富与立体的，而且维度越来越多，数量也越来越大。如何可视化、动态地全面展现业务特征、业务变化发展及关联逻辑，更好地感知用户，就变得越来越重要。

下面是一些运营数据可视化的举例。

例 1，可视化展现腾讯云资源数量及分布（见图 9.1）。

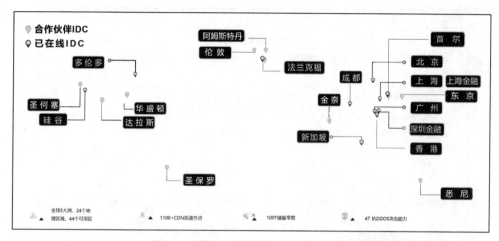

图 9.1　腾讯云资源数量及分布可视化

如图所示，可视化以亮点多少（密度）表示腾讯云资源的数量，以不同颜色显示腾讯云的资源布点及开通状态。

例 2，可视化展现城市互联网 + 的数字化进程，见图 9.2。

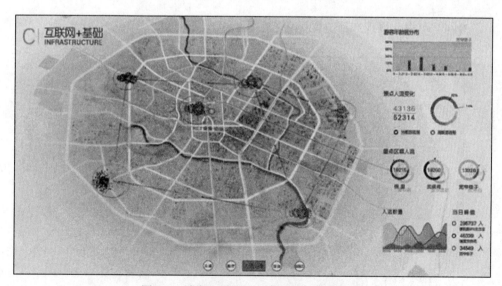

图 9.2　城市互联网 + 的数字化进程可视化

腾讯云以多维度立体数据展现各城市互联网 + 的数字化进程。

例 3，可视化监控腾讯云云计算服务（见图 9.3）。

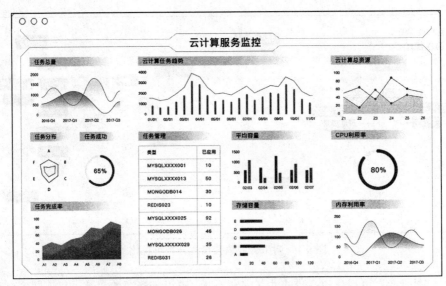

图 9.3　云计算服务监控可视化

腾讯云通过可视化的方式全面展现云计算服务的监控状态，包括任务量、分布及完成度；资源、容量及利用率状况等。

例 4，可视化展现产品销售状况（见图 9.4）。

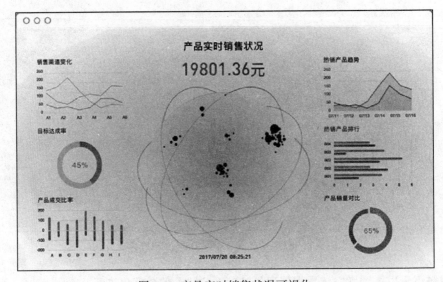

图 9.4　产品实时销售状况可视化

以可视化方式多维度展现业务的销售状况，可以建立相应业务的可视化的模板，按关联逻辑多维度也展现业务。

9.3　自动化

任何一项可以标准化（包括执行步骤与有判定条件）的工作，理论上都可以实现自动化，技术运营同样如此。

为持续提升技术运营工作效率、工作精准度及优化成本，我们需要不断地将技术运营工作进行标准化和自动化，特别是重复性的技术运营工作，如运营数据收集、分析与预测工作。

举例而言，我们尝试在微信业务的设备资源使用模型、带宽资源使用模型标准化之后，进行了系统自动、主动分析工作，取得了一定的进展（如图 9.5 所示）。

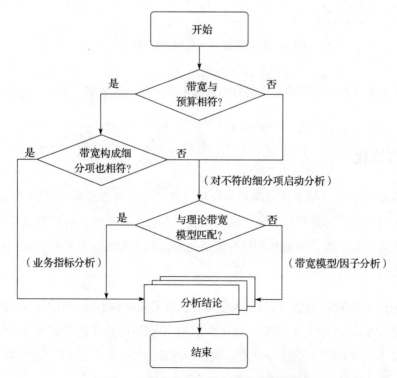

图 9.5　微信带宽资源自动分析流程图

通过这个自动化工作，原来工程师需要两天才能完成的每周业务资源使用分析，现在提升到只需两小时就能自动化实现，在分析的效率与精细化程度、全面性方面都有了大幅度的提升。虽然分析的结果非常依赖数据源的有效性与准确性，以及产品变化导致的资源模型变化等，但自动化分析也能指出这些可能的潜在影响，可帮助工程师快速进行优化和修正。

有了自动化的分析工具，自动化预测也有了用武之地。在微信的资源容量预测申请方面，我们也进行了自动化预测的探索（见图 9.6）。

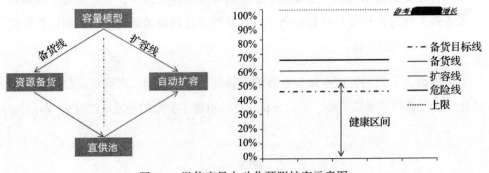

图 9.6　微信容量自动化预测扩容示意图

这个自动化容量的预测大大提升了资源申请、供应的效率。

9.4　智慧化

随着机器学习与深度神经网络的应用，技术运营的智慧化也是必然的方向。例如，传统的业务异常指标分析方法有阈值、同比、环比等，这些方法需要依靠大量的人力配置，随着数据量和指标量的增加，根本无法满足我们对数据精细化分析的要求。

在未来的智能化时代，可以引入更多分析智慧策略和手段。腾讯 SNG 助理总经理赵建春在 2017 年上海 GOPS 的演讲《AI 浪潮下的高效运维思考与实践》中提到，AI 与运维有多个结合场景点，包括：智能告警、异常分析、变更体检、故障预测、智能客服等（见图 9.7）。

运维和AI可能的结合点

1智能告警　　　　2网络异常分析　　3程序异常分析

4关联异常分析　　5变更体检报告　　6硬件故障预测

7投诉文本聚类等　8咨询客服机器人　9数据库参数调优
……

图 9.7　运维中 AI 的可落地场景

一些初步探索的智慧化技术运营场景案例表明，在效率、准确性及全面性方面，相比自动化，又有了进一步的提升。当前 AI 在技术运营领域仍然处于非常初级的阶段，未来必定大有可为。

9.5　区块链应用

最近两年兴起的区块链技术，具有分布式去中心化、不可篡改等特征，将对生产关系产生革命性的影响。区块链技术将实现（产品或资源）所有者、生产者、使用者的统一，形成一种共享、信任与升级的、价值最优化的共赢机制（见图 9.8）。

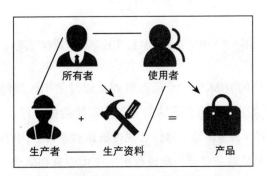

图 9.8　区块链技术应用于资源流转管理

在技术运营领域，同样很多场景都涉及生产者、使用者、管理者等，很多资源与信息在产品研发、运营、优化过程中流转，区块链技术也必然可为我们的技术运营带来新思路。

举例而言，在腾讯海量资源的运营过程中，服务器资产会发生流转，很多信息会丢失：如固件版本升级，历史配置信息等。云化时代下的资产管理，如云化变更信息、云化利用率、故障率跟踪、同批次问题等，都可以探索将区块链技术应用于资产运营管理。

IBM 资产管理团队，在区块链（私有链）用于资产管理方面，已有一些探索。通过区块链技术，改进用于管理应用于硬件、软件以及相关合同上的交易更新的技术和流程，为所有服务交付操作和客户，以及这些软硬件资产的生命周期，提供了一种全新的互动参与体系方法。IBM 关于资产管理服务的一些关键区块链概念及基本应用如图 9.9 所示。

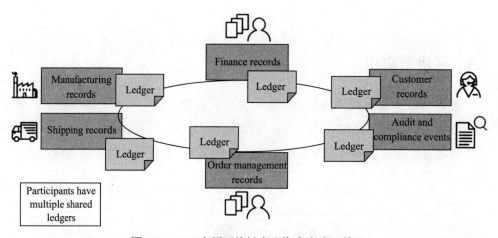

图 9.9　IBM 应用区块链实现资产全流程管理

据称，上述设计的 IBM 资产全流程管理，通过使用区块链技术的业务网络，参与涉及任何关键数据元素的交易的所有各方都能避免争议，近实时地访问状态的单一事实，并减轻（甚至消除）软件合规性披露和审计。同时高价值的自动化服务将所有参与数据交易的必要方与新流程中的主动检查相集成，消除了任何冗余、验证、调解和合规性文档。

IBM 资产管理团队认为，应用区块链技术将为资产管理提供显著的长期收益。另外，使用区块链技术管理资产，对于初创企业的估值也非常重要。

区块链技术应用于技术运营的方方面面，值得大家思考与探索。

9.6   本章小结

我们在这一章略微展开讨论了关于技术运营未来发展方面的思考，包括云端微服务化、可视化、自动化、智慧运营，以及在资产管理上应用区块链技术等。

2018 年 5 月初，一篇"腾讯没有梦想"的公众号文章在网上广为流传，将腾讯推至风口浪尖。文中质疑腾讯没有很好的技术中后台，存在组织墙与数据墙等论点，的确值得我们深思。公司层面的技术运营组织，是否可以更进一步，承担起做强做大技术中后台、打破组织墙与数据墙的职责，或许这也可以是未来技术运营发展的方向之一。

企业 DCI 运营管理规范示例

第一条　DCI（Data Center Interconnect）专线属公司稀缺性网络资源。为规范 DCI 专线日常运营管理，落实 DCI 专线带宽的合理使用，维护 DCI 专线服务可靠性与稳定性，特制定本办法。

第二条　本办法涉及的 DCI 专线是指公司为连接各个分散的数据中心网络集群所建设的广域网络线路，目前特指跨城广域网络，不含 MAN(即同城专线网络)。

第三条　DCI 专线由 TEG 网络平台部负责建设运营，TEG 运营管理协助进行建设规划、日常运营管理，BG 各业务设备在初始化时通过内网 IP 使用 DCI 专线带宽。

第四条　DCI 专线带宽服务按金牌、银牌、铜牌三个等级进行质量保障：金牌服务适用于对通信质量敏感、实时性需求最高的关键业务；银牌服务次之。铜牌服务适合对成本敏感，能承受短时间通信质量变化的业务。根据当前的专线建设容量及业务使用场景分析，大部分业务适用铜牌服务保障等级。参见表 A-1。

表 A-1　DCI 服务分级表

服务等级	丢包率	可用率	适用业务场景及服务保障说明
金牌	< 2%	99.50%	承载关键的 / 需要保持高通信可用性的业务
			在专线 / 设备部分故障情况下，优先保障金牌流量

（续）

服务等级	丢包率	可用率	适用业务场景及服务保障说明
银牌	< 2%	99.00%	承载可接受短时间通信质量变差或中断的业务 专线 / 设备故障部分情况下，银牌流量根据专线剩余可用容量第二顺位切
铜牌	< 3%	99.00%	承载对成本要求高，对通信质量要求相对较低的业务 当专线需求容量超过专线建设容量时，铜牌最先被切换至外网带宽进行传

第五条 DCI 专线定价及收费标准：DCI 专线定价包含专线流量单价及专线网络设备折旧两个部分，每年由运营管理部根据财务数据、公司运营成本明细、专线核算明细进行定价。参见表 A-2。

表 A-2 2016 年专线单价表

范围	流量区分	单价（元 /Mbps）
国内	金牌	64
	银牌	32
	铜牌	16
国际	金牌	280
	银牌	140
	铜牌	70

第六条 DCI 专线使用原则。

1）DCI 专线属稀缺性网络资源，且建设周期较长，业务应尽可能优化减少 DCI 专线用量。

2）业务接入时默认按铜牌打标，并按铜牌对应服务等级保障专线质量。

3）如业务需要变更服务等级（比如铜牌提升到银牌或金牌），按以下流程进行申请：

4）业务申请 DCI 专线银牌或金牌服务，需要结合对应的业务指标给出专线用量及推导过程。

5）日常运营中，业务在 DCI 专线使用达到指定预算用量后，会收到预警。对于金银牌服务流量，预警 3 次（以周为单位）后，应当给出运营分析结论（或优化或追加），预警 6 次未给出运营分析结论，将实施降级服务。

第七条 DCI 专线流量按周期进行管理和核算，业务部门需配合进行预核算分析，优化不合理使用。

系统思维：复杂商业系统的设计之道（原书第3版）

书号：978-7-111-46238-5　作者：Jamshid Gharajedaghi　定价：79.00元

爱因斯坦说过，"如果不改变我们已有的思维模式，那么我们将无法解决这些思维模式所带来的问题"。贾姆希德开发出了一种思维模式，可以解决这些问题。

—— 罗素·艾可夫，著名管理学家，宾夕法尼亚大学沃顿商学院名誉教授

格哈拉杰达挑战了我们的思维，让我们退后一步，基于理想的竞争定位进行思考，而非向前一步，基于我们已有的定位和各种制约，其结果就是更大胆地对改变进行思考。贾姆希德推动了对公司的优势、劣势以及其可能达到的理想状态的现实评估，并创造了从A点到达B点的路径。

——Bill Tiefel，万豪酒店总裁

在全球市场经济浪潮下，可行业务不能再继续被固定为单一的形式或者功能。反之，成功是建立在自我更新的能力之上，这种能力可以自发地建立结构、功能和流程，以适应频繁波动的商业格局。本书全面而系统地介绍"系统思维"的概念与应用，阐释一种卓有成效的洞悉混沌、理解复杂性的思维方式和解决之道，并通过5个实际案例详细阐述其在复杂商业系统设计和重塑中的具体实施步骤及方法，为在日趋混乱和复杂的环境中定义问题并设计解决方案提供了可操作的方法。